疯评

EVERYONE'S A CRITIC

[美] 比尔・唐瑟尔（Bill Tancer） ◎著

张 淼 陈 书 冯明珠 ◎译

新世界出版社
NEW WORLD PRESS

图书在版编目（CIP）数据

疯评 /（美）唐瑟尔著；张淼，陈书，冯明珠译. -- 北京：新世界出版社，2015.9

ISBN 978-7-5104-5407-3

Ⅰ. ①疯… Ⅱ. ①唐… ②张…③陈… ④冯…Ⅲ. ①电子商务－研究 Ⅳ. ① F713.36

中国版本图书馆 CIP 数据核字（2015）第 211730 号

疯　评

作　　者：[美] 比尔·唐瑟尔（Bill Tancer）
译　　者：张　淼　陈　书　冯明珠
策　　划：中资海派
执行策划：黄　河　桂　林
责任编辑：秦彦杰　张晓翠
特约编辑：张　艳
责任印制：李一鸣　王　雪
出版发行：新世界出版社
社　　址：北京西城区百万庄大街 24 号（100037）
发 行 部：（010）6899 5968　（010）6899 8705（传真）
总 编 室：（010）6899 5424　（010）6832 6679（传真）
http：//www.nwp.cn　http：//www.newworld-press.com
版 权 部：+8610 6899 6306
版权部电子邮箱：frank@nwp.com.cn
印　　刷：深圳市汇亿丰印刷科技有限公司
经　　销：新华书店
开　　本：787mm × 1092mm　1/16
字　　数：143 千
印　　张：14
版　　次：2015 年 12 月第 1 版　2015 年 12 月第 1 次印刷
书　　号：ISBN 978-7-5104-5407-3
定　　价：38.00 元

致中国读者信

TO ALL MY FRIENDS IN CHINA,

THANKS FOR PICKING UP THIS COPY OF EVERYONES A CRITIC.

ONLINE REVIEWS HAVE BECOME A GLOBAL PHENOMENON, AND THE MOST INFLUENTIAL SOCIAL MEDIA CHANNEL.

I HOPE THE WORDS CONTAINED IN THESE PAGES WILL GIVE YOU NEW INSIGHTS AND LEAD YOU TOWARDS PROSPERITY.

ENJOY!

致我的中国朋友们：

感谢你们拿起这本书。

网络评论已经成为一种全球现象和最具影响力的社交媒体文化。我希望书中的内容能给你们带去新的启发，引导你们迈向成功。

享受阅读吧！

比尔·唐瑟尔

权威推荐

EVERYONE'S A CRITIC

孙路弘　科特勒营销集团高级顾问

这本书不仅解答了我的疑惑，还启发我关注评论蔓延的趋势，也就是双向点评。这本书将超越读者最初的设想，把评论这个当今网络流行趋势的所有细节，对不同人的不同作用都分析清楚，并进一步启发读者想到更多的可能性，进而为未来的发展做充分准备。

姜奇平　中国社会科学院信息化研究中心秘书长
《互联网周刊》主编

随着大数据时代的到来，对数据的研究越来越丰富，要想脱颖而出必须有独特的视角。《疯评》将目光对准了网络评论，从专业、精准的角度探讨了电子商务的现状与未来，引导企业更理性也更务实地认识网络评论，利用网络评论。

胡近东　韩都衣舍电商集团总经理

本书从中立的角度看待企业与市场，通过众多典型故事和直白的数据，深入剖析了网络评论对于企业的价值和作用，并告诉企业如何运用网络评论赢得消费者的青睐，是互联网企业开创期值得一读的好书。

鼠小疯　松鼠集团 BDC 品牌总监、松鼠萌工厂动漫文化 CEO

《疯评》的特别之处就在于跟国内的淘宝一本通不同。本书用严谨的数据说话，通过大数据让好评换来更多好评，让中评变成好评，甚至让差评也带来关注度和利润。这是一本实用的评论管理指南，想要做好电商的你应该认真读一读。

徐一新　深圳市宝易通珠宝网络科技有限公司总经理

本书以独到的眼光、详实的案例、幽默的语言阐述了个体与评论之间的微妙关系。在“互联网 +”评论如潮的环境下，对于商家来说，一条好评能雪中送炭，一条差评也可能被置于死地。如何用好这把双刃剑？阅读完这本经典案例 + 通透剖析的书籍，你将智慧大增，找到最适合自己的应对方法。

赵学雅　微吃 APP 创始人

无论互联网还是传统产品，网络评论的重要性不言而喻。通过各种渠道了解评论，是评估现有产品、判断产品方向、维系用户关系和提升宣传力影响的重要方式。本书对网络评论的现象和管理进行了非常系统的分析，值得研读。

《出版商周刊》（*Publishers Weekly*）

唐瑟尔敏锐地觉察出了那些能帮助商家赢得更多好评的因素，比如透明度和热情。本书提出了很多利用、改变网络评论数据的有效建议。

《图书馆杂志》(*Library Journal*)

这是一部基于缜密、透彻研究的杰出作品，它问世得非常及时，消费者、学院派研究者、企业主以及其他所有被网络评论影响的人都会对它感兴趣。强烈推荐！

《书单》(*Booklist*) 杂志

这本书值得反复研读。

SmallBizDaily.com 网站

本书中，唐瑟尔提出并证明了这个观点——顾客的评论参与度和销量增长之间存在直接的关联，并提供了许多实用的建议，教授读者如何创造一种为顾客量身定制的网络评论策略。

肯尼思·库克耶　《大数据时代》（*Big Data*）合著者之一

这本书太棒了！令人惊叹！非常了不起！如今，网络评论四处可见，它们的商业价值也越来越高。比尔·唐瑟尔巧妙揭示了评论经济能为商家带来的益处。写得棒极了！

保·伯林翰　《小巨人》(*Small Giants*) 作者

比尔·唐瑟尔凭借本书打进了商业书畅销榜，这是一本重要、及时、实用而且有趣的作品。不论你是企业主、市场营销人员，还是像我一样只是一位普通消费者，都会迷上他笔下的这些网络评论现象，如今这些现象正在持续改变市场竞争格局。如果商家对其视而不见，那可真要后果自负了。

戴夫·柯本　《超赞营销》(*Likeable Social Media*) 作者

如果要开门做生意，毫无疑问，网络评论非常重要。读了本书你就能明白如何应对各类网络评论——好评、差评或者纯粹的抱怨。读完之后，写下你对本书的评论吧！

马丁·林斯特龙　《品牌洗脑》(*Brandwashed*) 作者

网络评论显然已经成了最具影响力却被误解最多的网络营销渠道之一，而本书正是一本优秀的网络评论运用指南。

丹尼·沙利文　科技博客 Marketing Land 创始人、CNET 撰稿人

现在，“顾客永远是对的”变成了“顾客永远在写评论”，所以商家必须做好更周全的准备。幸运的是，比尔·唐瑟尔为我们提供了一份通往网络评论新世界的必备指南：从怎样感谢好评、应对差评，到如何因势利导地一步步获得好评。这是一本五星级必读书。

杰弗里·博纳比奥　医学博士

《皮肤病学新闻》（*Dermatology News*）作者

作为医生，我们太清楚网络评论的重要性了。现在，网络评论对所有商家都会产生影响。有些研究已经开始探索网络评论的重要性（无疑，未来将会有更多这方面的研究），而且提出了许多能够帮助商家应对差评的有效方法。唐瑟尔的这部作品汇聚了作者本人以及其他研究者的成果，对我们所生活的这个评论经济世界进行了实际分析，并为我们提供了非常实用的建议，引导我们安全渡过这个充满迷雾、暗礁的危险水域。

推荐序

亲爱的读者，写条真实评论吧！

科特勒营销集团高级顾问　孙路弘

中国消费者中78%的人都有过购物留评论的经历。淘宝网经典语句：亲，留个好评吧。那么，你能够看出来下面的哪条评论是真的吗？

第一条：

> 酒店位于熙熙攘攘的芝加哥市中心，是企业高管的理想选择，不仅地理位置上佳，而且能看到壮观的海景。餐厅宽敞明亮，整个用餐过程很愉快。夜幕降临，华灯初上的芝加哥非常美，仿佛一幅美轮美奂的风景画，在俯瞰市景的同时享受美食的感觉真好。酒店房间很宽敞，还专门提供了办公桌。我强烈推荐企业高管选择这家酒店。

再看第二条：

> 5月，我与同伴在芝加哥待了一周，心想要善待自己于是选择了希尔顿酒店，所幸它没有让我们失望。或许是因为其他不少房客都只住一两晚，而希尔顿酒店似乎有优待长住房客的惯例，所以他们主动帮我们升级了房间，换了两套有独立洗手间的标准双床间。

以上这两条来自本书。

请读者回顾一下自己的经历，决定购买一个产品之前，你会看别的消费者留下的评论吗？如果看，会受到影响吗？如果会受到影响，你能够知道哪条留言是商家付钱找人写的虚假好评，哪些是竞争对手付钱找人写的恶意差评？

当评论遍布网络每一个角落的时候，有这么一个人就是要透彻地研究清楚这些评论是哪里来的？起到了什么作用？这些作用对每一个消费者来说，是积极正向的，还是消极负面的？对商家来说，这些评论的作用又是什么？

本书作者曾出版过一本书，叫《在线为王》（*Click*），图书出版后，他不断上网去看读者评论，后来因为受不了差评，于是选择不再看了。再后来，他发现自己最喜欢的书《魔鬼经济学》也被读者差评，但销量却不受影响，依然名列排行榜前三位。于是，他开始重新思考，自己害怕差评的原因是什么呢？

作为读者，你阅读《疯评》打算收获什么？人人都是评论家，你自己是吗？你写过评论吗？写评论的时候，目的是什么？又或者你是商家，那你害怕差评吗？

以上问题书中都有答案。作为一名普通消费者，我忍受不了网络上无法辨别真假的评价，那里面既有批量水军撒下的各种虚假好评，也有对手制造的恶意差评。所以阅读这本书时，我最关心的就是能从中学到哪些识别网络评论的方法。

作为一位作者，我也出版过图书，如果别人给我留差评，我应该怎么办？回避还是回应？改进还是改变？

一口气读完这本书，我得到了我想要的答案。你呢？作为读者，你抱着怎样的心态拿起了这本书？一本书不应该被随意翻阅，读者也不应该看别人读自己就去读。你必须建立自己的阅读目的，有了阅读目的，你才能够评价出自己是不是通过这本书实现了目的，这样你留下的评论就更加具体、客观，而且有说服力。

这本书不仅解答了我的疑惑，还启发我关注评论蔓延的趋势，也就是双向点评。通过对打车软件 Uber 的双向评价机制的分析，作者揭示出了 Uber 在消费者与商家之间架设的那座桥梁。信息的透明，双向的了解，交易的基础是了解之后的你情我愿。

读完一本书达到阅读目的并不难，难的是这本书能够超越读者最初的设想，把评论这个当今网络流行趋势的所有细节，对不同人的不同作用都分析清楚，并进一步启发读者想到更多的可能性，进而为未来的发展做充分准备。

真实评论往往有三个特点：第一，评论中有具体细节；第二，评论中有具体人物；第三，评论中有前后呼应的逻辑关系。现在，你知道开篇的两条评论中，哪条是真实评论了吧？

各位读者，你要不要也给我这篇推荐序写条评论？亲，留条真实的评论吧！

目　录

EVERYONE'S A CRITIC

第 1 章

评论经济：隐藏在顾客指尖的利润

同样是好评，为什么“一次很棒的购物体验”可以让定价提高 5.86 美元，而“最棒的相机”则需要产品降价 0.2% 来挽回更多客户？

同样被差评，在大名鼎鼎的四季酒店绞尽脑汁求原谅的时候，旧金山一家名不见经传的小餐馆为什么能对它视若无睹，且继续赚得盆满钵满？

第 1 章

评论经济：隐藏在顾客指尖的利润

The Review Revolution— When Everything Is Reviewable

如今，一切事物都会被评论：无论是你手上的这本书、昨天的午餐、几乎每天早上都会光顾的咖啡厅，还是常去的干洗店、定期拜访的牙医、厨房里的搅拌器、烤面包机、选修课的教授、在听的音乐，甚至是约会对象，当然也包括你本人。一切的一切都会被评论。

对消费者来说，点评网站的激增可谓天大的恩赐，这是他们更全面了解产品和服务的好机会。

实际上，消费者不是网络评论的唯一获利者，商家也能从评论中受益，因为评论浏览者往往正是潜在顾客，点评网站相当于商家自我展示的平台。

点评网站为商家完美征服潜在顾客提供了绝佳的条件，这也就是网络评论应该被珍视的重要原因。然而，相较于其他主流的线上营销渠道，这片未经深耕的“战场”常常被忽略。

点评网站的营销作用不显著有一个重要原因：多数商家都将

目光和资源集中在社交媒体上了。商家忙于管理社交网络，他们全心全意维护 Facebook 页面，更新 Twitter 状态，在 Instagram 上传新照片，因此分身乏术，再也没有多余的精力来照顾一下顾客的评论。

毋庸置疑，社交媒体平台颠覆了绝大多数企业的营销策略，但社交媒体平台更适合品牌认知度方面的建设，它在促成交易方面往往有些力不从心。不管商家与顾客在 Facebook 和 Twitter 怎样相谈甚欢，也很难将线上的好感转换成线下的收益。研究数据也表明，社交媒体促成的交易量不足线上总交易量的 1%。购买转化率之低令人始料未及。

商家忽视网络评论的另一个隐形原因可能是网络评价七嘴八舌、错综复杂、难以统一。尽管消费者的评论和星级评分加强了消费者与商家的互动，但是网络评价往往带有强烈的主观色彩，不能客观反映产品和服务质量。尽管网络评论为消费者提供了信息，但这些信息同时也不够完整、缺乏准确性甚至观点相左。

尽管如此，网络评论对消费者购买行为的影响力还是越来越大。调查显示，近 82% 的美国消费者会在做出消费决策前参考其他顾客的评论。

然而注意到这个趋势的商家并不多，他们中的大多数依然选择盲目营销，进而在不知不觉中失去顾客和市场。实际上，如果商家稍稍留意一下网络评论这片沃土，疲软的经营情况就会发生显著转变。

网络评分每增加 1 星，营业额提高 5% ～ 9%

即便商家不稀罕点评网站提供的展示机会，不在乎赶在消费者做决定之前就露个脸，至少也应该正视一下这类网站的受欢迎程度。2013 年，全美网站数量超过 7 700 个，其中猫途鹰（TripAdvisor，全球最大的旅游点评网站。遍布全球 45 个国家，覆盖 28 种语言，每月收录的全球旅行者对酒店、景点和餐厅的点评及建议逾 2 亿条。——译者注）每周的访问量高达 109 万次，排名同类网站第 4 名。截至目前，该网站上用户评论超过 6 000 万条。

除了给旅游景点、下榻酒店评分，消费者还可以在 Yelp 网（美国最大的点评网站，被称为美国版的大众点评网，创立于 2004 年，囊括美国各地餐馆、购物中心、美容院、酒店、旅游等领域的商户，用户可以在 Yelp 网站中给商户打分，提交评论，交流购物体验等。——译者注）上评论各类产品和服务，如餐厅、干洗店、牙科诊所、汽车 4S 店等。2013 年 Yelp 网每周的平均访问量是 990 万次，创建 9 年来共收集到的评论超过 2 700 万条。

20 世纪 90 年代末，亚马逊网站一上线就大获成功，最大的功臣也是在线点评服务。因为能够提供上百万条消费者评论，亚马逊受到了各领域消费者的欢迎和信任。

2007 年，Yelp 网上的评论数量突破 100 万条，成为公司的重大里程碑，随后几年这个数字呈几何式增长。数量激增的网络评论不仅巩固了买卖双方的信任关系，也令商家意识到点评网站对业务拓展的重要性。过去几年，大多数电子商务网站，无论是销售电子产品、运动产品还是化妆品，都增添了在线点评功能，以吸引更多访客消费。

购物评论网 Reevoo 的研究显示，**10 ～ 30 条评论带来的购买转化率超过 3%，50 条以上评论的购买转化率则升至 4.5%**。对于日均访问量上千的零售商来说，3% ～ 4.5% 的购买转化率已是相当可观。

还有一个令人吃惊的事实：差评也有助于提升购买转化率。其中原理我将在第 5 章里详细介绍。Reevoo 网的研究发现，68% 的消费者更愿意信任那些收到褒贬不一评论的商家，其中 67% 的人会进一步购买该产品。考虑到网络评论对收益的实际影响，很多星级酒店和零售连锁店都开始尝试在官网上添加在线点评功能。全美最大的第三方点评网站之一 Bazaarvoice 声称他们每个月收集到评论多达 4 亿条。但仍然有部分商家不愿意开放顾客评论平台，这主要是因为他们心里尚存恐惧，认为负面评论只会降低销量。

网络评论的影响甚至已蔓延至线下。为方便实体店里的消费者边选购边查看网络评论，全球化妆品零售权威丝芙兰（SEPHORA）特意制作了手机应用软件，并在店面里安装删除在线点评终端。

随着点评网站的盛行，消费者的购物方式也在进化。上一代人购物往往依靠亲友的推荐，而年轻一代则可以通过网络接收到更多顾客的意见分享。Bazaarvoice 网 2012 年的一项研究表明：66% 的美国婴儿潮（生于 1946 ~ 1964 年）用户更看重亲友的推荐，34% 的用户倾向于选择网络评论；而千禧一代（生于 1977 ~ 1995 年）用户相信网络评论的比例上升到 51%，49% 的用户会接受亲友的意见。

> **商家如果没有明确的目标和坚定的决心，仅仅是为了安抚网络评论者的情绪而不断调整经营方向，只会离成功和梦想越来越远。**

总体而言，越来越多过去听从亲友建议的消费者正在转投互联网的怀抱，并根据网络评论来筛选商家。2012 年《美国本土消费者评论调查问卷》（*Local Consumer Review Survey*）表明，72% 的受调查者对网络评论的信任度等同于亲友推荐，且不管哪个年龄层都是如此。研究还表明，52% 的受调查者更愿意光顾获好评的商家。另外，我相信随着时间的推移，在购物前参考网络评论的消费者会越来越多，他们对网络评论的公允性和准确性也会越来越有信心。

然而，网络评论在消费者那里获得的好评和认可并未延伸至商家这里。与众多商家、企业主交流后我发现，绝大多数商家认为网络评论于企业盈亏影响不大。之所以会产生这种错误的观念，我想或许是商家误解了差评的缘故。

餐饮企业 That' s Biz 的研究表明，31% 的餐厅老板认为 Yelp

网、猫途鹰、谷歌、城市搜索上的评论要么不够准确，要么扭曲事实。只有 5% 的餐厅老板认可那些评论，24% 的餐厅老板认为它们有可取之处但不宜全盘接受。

那么，网络评论是否会影响盈亏？为了回答这个问题，哈佛商学院助理教授迈克尔·卢卡（Michael Luca）进行了一项研究，以量化 Yelp 网上的评论对餐厅营收的影响。为分析西雅图约 6 万家餐厅的评论与从华盛顿州税务局获取的餐厅营收数据之间的关系，卢卡建立了网络评分与营收对比模型。分析表明，对私营餐厅而言，网络评分每增加 1 星，营业额就会增加 5% ~ 9%。

加利福尼亚大学伯克利分校的助理教授迈克尔·安德森（Michael Anderson）也将 Yelp 网上的 148 000 条评论与 328 家餐厅的预订数据进行了对比研究，发现"Yelp 网上的网络评分每增加 1 星半，用餐高峰时段餐厅满座的可能性就提高 19%"。

得知点评网站上的好评对提高客户询问度、用餐预订率及餐厅的营业收入大有裨益之后，你或许会认为所有餐厅老板都会张开双臂拥抱网络评论，然而事实怎样呢？

顾客会踏进哪家餐厅？网络评论说了算

所有商家、企业都绕不开顾客争夺战。然而，自网络评论出现后，战况出现了令人费解的转折。既然 5 星好评有助于经营，理所应当地，每个商家都应该努力提高自己的好评率，以争取更多顾客。但实际上大多数商家的行动并不积极，他们只是定时浏览评论，或者借助第三方平台接收评论，并只在极个别的情况下才会回应某些差评。甚至有些商家仍然不开窍，认为点评网站不该为消费者提供可以分享消费体验的平台，认为它们对新老客户的选择造成了负面影响。

不管之前对网络评论的态度如何，既然能拿起这本书就说明你在接纳网络评论的道路上前进了一大步。能迈出这关键性的第一步，非常值得庆贺，因为正视网络评论是你的企业锐不可当的开始，而忽略它们的商家将毫无疑问地陷入困境。

> **电子商务最重要的规则之一就是，在消费者付款之前，不要给他们任何机会关闭你的页面。**

美国著名媒体营销研究公司凯勒费伊集团的报告指出，美国消费者每天与品牌相关的对话超过 20 亿次，所以如果将注意力放在某条 1 星差评上，那你可就本末倒置了。商家的任务是参与消费者与品牌的对话。

Yelp 网、猫途鹰这类点评网站，还有提供点评服务的 eBay、亚马逊及其他零售网站共同打造了一个供商家、企业主与消费者轻松沟通的平台，虽然消费者的评论总是不受控制地有好有坏。

至此，**商业史上首次出现了商品评论重要性超越品牌、营销**

和广告影响力的情况，也因此即便是刚起步的零售店、餐厅、酒店，只要能提供优质产品或服务就能击败对手赢得顾客。相反，那些凭借浮夸广告打造品牌知名度或以次充好糊弄消费者的商家将慢慢原形毕露失去市场。

与优质商家一样，消费者（尤其是那些曾被欺骗的消费者）同样乐意见到产品评论变得日益重要的情况。以旧金山 39 号码头这处颇受欢迎的旅游胜地为例。点评网站出现以前，喜欢敲游客竹杠的餐厅或许还有机会对不知情的游客下手。因为过去人们出门在外用餐时，只能从下榻酒店推荐的众多餐厅里挑一家，或者就近随机选择，游客能借助的信息非常有限且不对等。而且，餐厅老板当然有理由认定大部分游客这辈子都不会第二次光顾自己的店。如果餐厅每天招待的都是初来乍到的新食客，而且低于平均水准的用餐体验也不影响收益，那为什么还要购买最好的食材、浪费资金和精力提高服务水平呢？还不如把钱用来投广告。旅游杂志、酒店和汽车旅馆提供的广告位才是招徕游客的最佳途径。

然而，他们的好日子到头了。随着网络评论的普及以及公众接受程度的提高，越来越多游客会在出行前参考网络评论制订旅行计划，并预订酒店、餐厅甚至购物商店。那些描述细致的、糟糕的用餐体验成了游客提前分析餐厅性价比的有利条件，所以从某种层面上讲，敲游客竹杠成了妄想。

如果我到旧金山 39 号码头游玩，Yelp 网、猫途鹰上的评论将决定着我踏进哪家餐厅。例如，我绝对不会选择一家叫“恶魔岛登录”的咖啡厅，在我撰写本书时，他们在 4 840 家餐厅里的排名是 3 135 位，在猫途鹰上的评分是 1 星半。“过来人”A.S. 对“恶魔岛登录”有如下评价：

> 这估计是我近期三次旅行中最糟的一次了。
>
> 离开酒店前往码头游玩的路上，我们想找家咖啡厅坐一坐，然而那些著名的咖啡厅全都人满为患。我们只好继续往前走，一直走到恶魔岛码头，终于又一家咖啡厅出现了，我们不禁眼前一亮。
>
> 结果却大失所望，收费昂贵不说，态度恶劣的服务员端上来的都是微波加热的垃圾食品，且都装在纸盘子里。尝了下，没有什么味道可言。
>
> 他们似乎认定“既然踏进我们店里你就只能在这里消费了，否则就饿肚子走吧”。更让人惊讶的是，真正的恶魔岛上的犯人的食物都达到合格标准，而游客的待遇竟不如囚犯（仅限于咖啡厅）。

网络评论让某些商家失去顾客的同时，也让另一些优秀的企业主得到更多肯定。尽管商家和企业主对网络评论的认识和态度不同，但这种信息分享的新方式在不经意间推动了产品和服务质量的提升。

4 星半的商家也要在意一条差评

关于网络评论对商家的影响，我最直观的认识来自我的理发师格洛丽亚，我确信她对网络评价的威力心知肚明。网络评论为她吸引了更多顾客，提高了理发店营业额。

每隔三四个星期，我都要去一次格洛丽亚的理发店。某个周二下午，当我走进店里时，格洛丽亚正悠闲地坐在椅子上看报纸。这家理发店属于家庭式经营，格洛丽亚从小在店里长大，她的父亲和叔叔都是理发师。她边为我洗头边分享了理发店的经营之道："我爸告诉我永远不要降价，价格一旦降下去就再也涨不回来了。"

我时不时地会问问她生意如何，过去两年里她都回答说"不大好"。那个周二下午，得到答案之后我随口问她是否知道 Yelp 网，并告诉她点评网站或许可以帮她吸引些新顾客。其实她家店门口就贴着 "我们在 Yelp 网上广受好评"的告示，只是我没留意到。我从镜子里观察到她的表情变得紧张起来，想到她手里还握着锋利的刮胡刀，我有点儿后悔主动扯到这个似乎"危险"的话题。

格洛丽亚手上没停，慢慢说道："有一次，有位顾客来理完头发之后，回去就给了我一条 1 星差评。我知道他是谁，我记得他离开时就已怒气冲冲。但实际上那位客人的评论并不客观。"当时，格洛丽亚的理发店在 Yelp 网上共有 23 条评论，整体评分 4 星半。虽然大部分客人都给了 5 星好评，但格洛丽亚依然阻止不了那偶尔的一条差评。

圣马修奥市位于旧金山郊区，在这里经营理发店主要依靠回头客和熟人推荐。格洛丽亚的理发店附近还有 5 家同行，竞争可谓激烈，每家理发店都使出浑身解数培养忠实顾客。点评网站出现后，理发店的目标市场扩大了，每一个在网上搜寻理发店的人都成了格洛丽亚的潜在顾客。较高的评分能吸引源源不断的新顾客，而即便为数不多的差评也可能阻断客流。这就不难理解为什么格洛丽亚会为那一条差评郁闷了，更何况那位客人还粗鲁地称她为“剪羊毛工”。这还不是最糟的：理发店有 73 条 5 星好评被莫名其妙地“过滤”掉了。

> **网络评论实际上是一场选举，优质的商品和服务会得到最高的票数，另一方面来讲，它们也将遭受最严重的商品化。**

除差评外，商家对网络评论最常见的不满针对的是点评网站：网站会“标记”或“过滤”存在作假嫌疑的评论。被过滤的评论只能出现在页面的最底部，只有验明身份的访客才能查看，不利的位置与复杂的操作方式大大影响了展现和阅读。另外，被过滤掉的评论也不会计入商家的整体评分。这进一步导致商家信息展示不充分，消费者信息获取不完整，判断也不够准确。

在我与格洛丽亚讨论网络评论的不公平时，店里的其他顾客也加入进来，纷纷讲述了自己与点评网站打交道的经历。一位房屋承包商说自己曾被顾客以差评要挟，他认为那些少数对他的服务感到不满的顾客败坏了他整个企业的形象，影响了他的生意。正在旁边等待服务的保险销售员称，网络评论彻底改变了他的消费习惯，现在他和妻子去餐厅吃饭前总会先参考 Yelp 网上的评论。他的发言得到了其他顾客的肯定。由此可见，网络评论的威力已经蔓延到旧金山郊区这条冷清的街道，这家小小的理发店里。

被差评？说明你“红”了

无论格洛丽亚以及其他商家、企业主对消费者批评持怎样的态度，网络评论依然如雨后春笋迅速增长，并在消费者购买决策中扮演越来越重要的角色。益博睿信息技术公司表明，美国消费者每个月登录猫途鹰和 Yelp 网的次数已从 2010 年的 4 100 万次增长至 2013 年的 6 700 万次，增长率达 63%。

同时，网络评论引发了新一轮的财富再分配。懂得妥善利用网络评论的商家将吸引潮水般的顾客，而对其不以为意的企业主则会糊里糊涂地丢失市场。

就我的观察，大多数商家、企业主对网络评论持观望甚至否定的态度。本书的目的之一就是向众多类似格洛丽亚的小企业主证明：网络评论时代的到来并不意味着昔日荣光的失去。恰恰相反，我认为这是占领更多市场的好机会，小企业主和大公司 CEO 都能从网络评论和更加对称的信息中获益。

在后面的章节里，我将与读者一起研究不断进化的网络评论系统，讨论网络评论造就的独特经济环境及其中蕴藏的巨大商业潜力。

在网络评论主宰的世界里，商家要懂得欣赏与赞美数百万愿意分享消费体验的消费者，并学习分析他们撰写评论的动机。评论者的类型多种多样，但我发现拥有某些特质的人会比其他人更愿意写评论。在第 3 章里，我将向读者阐释了解评论者需求是提升好评率的基础。

“消费者写评论只是为了让自己的感觉更好，人们撰写好评、回顾美好的经历是想再次强调自己做出了英明的决定。”

网络评论的世界存在各种问题：敲诈勒索、虚假评论、恶意差评、错误的过滤等。这些问题确实可以成为商家拒绝网络评论的理由，但事实上 80% 的消费者正是通过这种不完美的渠道评估产品和服务，并做出最终的消费决策。所以在后文中，我将提供一项练习来帮助商家消除对差评的抵触情绪。同时，我也会证明为什么说差评也有利于销量增长。

为了帮商家妥善应对网络评论，我总结了几条最大化利用网络评论系统的秘诀，利用它们，商家将收集到更准确、更全面的内外部信息，并尽早走上成功之路：

- 热情是好评的领航员；
- 保持信息高度透明，塑造网络影响力；
- 多渠道吸引顾客撰写评论；
- 像做业务一样管理网络评论；
- 超预期服务，提供评论素材。

消除对差评的抵触有助于商家翻越高墙走向更广阔的市场，我会用各种可靠数据证明商家实际上有机会做出更明智、更有效的决策。

从各种奇特评论的朗诵视频到一款香蕉切片机引发的评论竞赛，网络评论带来了不少趣事，但有阳光的地方就会有阴影，网络评论诱发的贿赂、敲诈、恶性竞争也不胜枚举。鉴于此，本书将为读者提供网络评论应对指南，指引商家恰当处理与网络评论有关的各种事情，从如何加入对话到挑选最佳时机回应评论等。

最后，我们将把新媒体上的评论与点评网站上的评论做一个影响力对比。Facebook、Twitter等社交网站及其他小众网站的兴起，促进了消费者评论的爆炸式生长，于是了解点评网站之外的评论审查原则也成了商家的必修课。

为全面理解评论系统，我们还将探讨如何拥抱这些新渠道来了解自己和竞争对手，寻求留住老客户、吸引新客户的方法。

在收集本书写作素材时，我采访过很多网络评论相关人员，包括个体企业主、五星级酒店经理、咖啡师、服务员、酒店前台、产品制造商以及亚马逊评论受害者。有意思的是，一提到“网络评论”四个字，受访者大多面露难色、神情紧张。

网络评论备受抵触的原因很容易猜到：差评永不可能缺席，而商家还原真相的机制却不够健全，他们对评论的反驳总是显得牵强无力。没有哪个企业主会不在乎竞争对手的自我吹嘘，或者虚假差评的攻击。

总结起来，企业主对网络评论最大的不安来自于他们对网络评论的低掌控度。大多数企业主，尤其是服务业（酒店、旅馆、餐厅、酒吧、咖啡厅）的企业主都隐约感觉到网络评论掌握着他们经营的成败。实际上，从我们得到的数据来看，他们的猜测很有道理。

EVERYONE'S A CRITIC

第2章

为什么有些商家抵触网络评论

当比萨店因为奥巴马的来访获得潮水般的评论和全球关注时，比萨店老板为什么不巧妙地借鸡生蛋，而是果断归还这些“天上掉下来的馅饼”？

当职业差评师亮出自己“网络红人”的身份时，商家要把它当成“令箭”还是“鸡毛”？

第 2 章

为什么有些商家抵触网络评论

Why Businesses Hate Reviews

★★★★★

正式撰写本书之前，我采访了一百多位企业主。当听说我打算写一本关于网络评论的书时，企业主们的反应大同小异。首先是否认——“我不关注那些网站”；接着，几乎是下一秒钟，这些从不访问“那些”网站的人开始逐字逐句地引用自己收到的网络差评。从我们的谈话过程来看，对方应该是得了一种叫做“认知失调”的综合征。

认知失调理论由已故社会心理学家利昂·费斯汀格（Leon Festinger）提出，用于描述面对两种截然不同、相互矛盾的结论时人们经受的心理冲突。以网络评论为例，虽然企业主深信自己的经营手法行之有效，但仍然会在网上看到顾客的差评，于是自己的信念就会与差评形成明显冲突。如果企业主坚信自己的观点正确，那就意味着评论者是错的。而且，大多数人面对批评时都会想办法调和自我认知与外界评价之间的差距，不管那些批评是实事求是还是别有用心。

鉴于企业主如此普遍的认知失调，我希望马上就认真谈一谈这个显而易见却一直被回避的问题。必须承认的是，网络评论并不完美，甚至与完美彻底无关，但不完美不等于有害。既然企业主都知道网络评论的重要性，那就必须学着接受这个事实：那些毫不留情的评论正是消费者的真实想法。除了治愈认知失调综合征外，企业主必须找出自己厌恶网络评论的具体原因。

尽管大多数评论者诚恳地发表用餐、住宿或购物体验是为了方便他人，但善良的初衷背后隐藏着网络评论的阴暗面。

N. 格里高利·曼昆（N.Gregory Mankiw）在畅销经济学教科书《经济学原理》（*Principles of Economics*）中提出经济学十大基本原理，其中一条是：**人们会对激励做出反应，即成本或收益变化时，人的行为也会相应改变。**企业主意识到网络评论的影响力之后，就有足够的动力为自己伪造好评，为竞争对手捏造差评，甚至花钱雇“水军”。登录 Craigslist（美国大型免费分类广告网站）随便挑选一座城市，都会看到类似下方的广告：

> Yelp 网评论：诚聘信誉良好的 Yelp 网用户写评论。感兴趣者请留下姓名、电话号码及 Yelp 网账户的链接。25 美元 / 条。

并非所有的差评都来自顾客。2009 年，Yelp 网一位名叫肖恩的评论者的一条评论彻底激怒了现已停业的“海洋大道”书店的经营者黛安娜·古德曼，因为肖恩说她的店“一团糟”。于是，古德曼开始透过肖恩的 Yelp 网账号发送恐吓电子邮件，并跟踪肖恩回家，甚至强行闯入他家里。肖恩打电话报警后，古德曼被逮捕并送往旧金山综合医院接受精神鉴定。接受 Inc. 杂志采访时，古德曼表示：“我认识的店老板中没有一个喜欢 Yelp 网的，我们都只是在咬牙硬撑，Yelp 网简直就是魔鬼。”

对商家来说，网络评论最多也只能带来微乎其微的优势，最坏却要惹上官司，于是他们逐渐选择对其视而不见。然而，另外一批人却找到了特有的方式来对抗不公正评论。

勒索：“否则，就让你好看”

《旧金山纪事报》（*San Francisco Chronicle*）美食评论家迈克尔·鲍尔（Michael Bauer）曾在报道里称收到多位餐厅老板的控诉邮件，他们在信里详细描述了网络评论者敲诈勒索自己的细节。加利福尼亚州伯克利镇上的“胭脂”咖啡厅的老板玛莎·麦克布莱德在邮件里写道：

> 如果拒绝满足顾客的无理要求，对方就会扬言要到 Yelp 网上写差评。过去一个月中，就有两位顾客要求我们提供赠品，不然就去 Yelp 网抹黑我们。你也许会说给一些小赠品只当破财免灾，但实际上那非常让人头疼，因为他

> 们已经不再满足于一杯免费的酒水、一道开胃菜或餐后甜点了，他们想得到更多。

餐饮业大概是最常被评论者敲诈勒索的行业了。“赤兔”餐厅的老板桑尼·马尤加切身感受过消费者在“网络评论主宰的世界里”拥有的力量。“赤兔”餐厅在Yelp网上有300多条评论，在专业餐饮评论网站Urbanspoon上有188条评论，且都是4星以上好评。与其他餐厅一样，好评帮桑尼吸引到很多新顾客。

尝到好评甜头的桑尼当然也明白差评的威力，所以当前一天晚上来餐厅用过餐的顾客打电话投诉的时候，他完全有理由认为对方是在敲诈。对方声称他和朋友在“赤兔”餐厅吃过饭之后出现了不同程度的食物中毒。

由于无法证明对方撒谎，桑尼只好同意提供一张价值60美元的礼券，而对方却得寸进尺要求赔偿100美元，并扔出了那句“名言”：如果餐厅拒绝，他就会去Yelp网上写差评，并向食品卫生管理部门举报“赤兔”。

通过整理联邦商业委员会收到的投诉案件，我收集到不少涉嫌敲诈勒索的案例：

> 我是一家意大利餐厅的前台接待，Yelp网精英评论者汤姆（化名）向我索要免费餐点和酒水，并在我拒绝后要求面见经理，还威胁说不同意就要写一条“让我们好看”

的评论。他甚至还承认自己经常这么干。我想说的是，他这种恶劣行径真不是 Yelp 网精英评论者该有的表现。

附加说明：请 Yelp 网取消汤姆的“精英评论者”徽章或关闭他的账户。因为担心被写差评，最终我还是满足了汤姆的要求。

网络评论出现前，对食物、服务不满的顾客顶多告诉亲友不要再光顾那家餐厅，而如今，顾客凭借网络扩音器，有了向餐厅所有潜在顾客诉说不满的机会。这也难怪一提到点评网站，企业主们就会本能地挺直腰背、缩小瞳孔呈现出一副防御状态。

即便是从网络评论中获利的企业主，印象最深的评论恐怕也是某位心怀不满的顾客的一条差评，他们甚至不惜成为阴谋论者，暗暗猜想是不是隔壁的竞争对手在背后捣鬼。

调查显示，网络评论最让餐厅老板恼火的地方在于，少数几个人的评论却能左右所有顾客的想法。也有很多企业主认为，相比对服务满意的顾客，心怀不满的顾客更有可能去点评网上写评论。另外，被开除的前雇员以及自己行为不端的顾客写差评的情况也很普遍。

事实上，某些网络评论者正在以一种微妙的方式运用其刚刚拥有的力量。位于纽约格林威治村的一家冰激凌店遇到过这样的情况：一位 Yelp 网精英评论者给店老板寄了一封电子邮件，说希望在店铺早上开门营业之前尝一尝店里的产品，并明确表示要尝到每一种口味的冰激凌，甚至还要求老板另外准备一款新口味。而老板这样做的回报是“有机会得到一条非常棒的评论”。

点评网站被收买

除了敲诈勒索和差评外，企业主对点评网站的不满还包括利益上的冲突。Yelp 网的主要收入来源是线上广告，这些广告通常以付费列表的形式出现在所有商家收到的评论的顶端，而且广告主很可能是自己的竞争对手。很多企业主称，如果自己没有购买 Yelp 网的广告位，Yelp 网的销售团队就会暗示甚至威胁说用过滤技术删除好评或调高差评的权重。

你不可能令所有人满意。但实际上给你差评的顾客想获得的服务根本不在你的计划之内，他根本不是你的目标客户。

餐厅预订网站 OpenTable 利用的是另一种发家致富的方法：只要付费就可以帮助商家删除差评。多年来，能熬过初创期评论寥寥的状况并成功吸引更多顾客的餐厅少之又少，OpenTable 就是看准了这一点，发现了“商机”。

OpenTable 使用的是典型的验证评价系统，完成预订后，顾客会收到一封邀请评价的电子邮件，而且系统会设定只有完成用餐的顾客才有资格撰写评论。得益于评价系统的封闭性，OpenTable能够按需消除评论。

OpenTable的做法虽然受到餐厅的欢迎，但却会受到消费者的挑战。2013年春，一位食客写信给迈克尔·鲍尔，称自己的评论无法在OpenTable上发布。那位食客在旧金山市剧院区一家很有名气的餐厅用餐时，发现餐厅里活苍蝇乱飞、死苍蝇横陈，于是他决定将真实的用餐体验回应给OpenTable发来的评价请求。点击“提交”后，她收到一条OpenTable的回复消息，说她的评论违反了网站规定。

OpenTable营销高级副总裁安·谢泼德（Ann Shepherd）对此的解释是，OpenTable只会将真实可信的评论呈现在访客和餐厅面前，真实性是该网站最重要的评论筛选标准。谢泼德表示：“顾客随口一说的评论都可能毁掉一家餐厅。声称餐厅里有苍蝇，等同于指控餐厅不符合卫生标准，这将严重损害餐厅商誉，因此OpenTable不予发布。”

联邦贸易委员会收到的对Yelp网的投诉超过650宗。这些投诉显示，很多企业主认为购买点评网站广告位的商家能享受过滤差评服务，从而提高好评率。洛杉矶的一位餐厅老板援引《信息自由法》对这种不公正现象予以指责：

> 我怀疑Yelp网正在用虚假差评猎杀餐厅，他们大概组建了一支队伍，专门为餐厅写差评。差评发布几个月后，

> 再让Yelp网的销售人员给受害餐厅打电话，劝说对方花300美元成为其广告会员，这样差评才会大幅减少。虽然现在我也是他们的会员，但我认为这种不交钱就没有机会为差评辩驳的做法有失公允。我很畏惧Yelp网，因为他们能让任何一家餐厅歇业。

另外一位来自科罗拉多州丹佛市的企业主称：

> Yelp网看到我们的网络评论后主动联系了我。他们说如果我愿意每个月支付350美元的广告费，他们就可以帮助我“提高评分”。由于写评论的是消费者，他们不在Yelp网的控制范围之内，所以我想Yelp网能做的就是过滤掉差评。我觉得我被敲诈了。

Yelp网坚决否认评论过滤技术与网站广告销售有任何关联，并打赢了两场相关指控的官司。但这并不能排除Yelp网敲诈商家的可能性。

哈佛商学院助理教授迈克尔·卢卡研究过Yelp网评论对餐厅收入的影响，分析了虚假评论以及过滤技术与其广告销售之间的关系。卢卡的研究表明，约有13%的餐厅评论是不真实的或者并非由餐厅顾客所写。

如果企业主向联邦贸易委员会的投诉属实，也就是说Yelp网

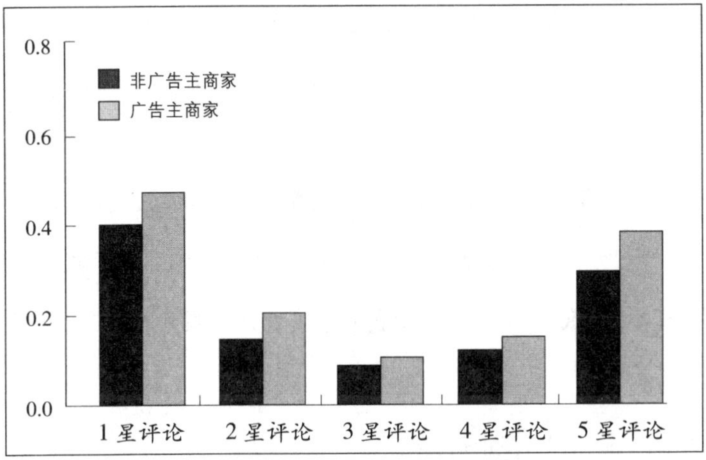

图 2.1　网络评论与过滤技术的关系

确实在选择性地过滤差评以提高广告主的好评率。这样的话，广告主商家的 4 星和 5 星评价就会占相当大比重，而非广告主商家的高星级评论就会很少。然而，如图 2.1 所示，事实似乎并不如此：不管是否购买广告位，商家各星级评论的分布占比基本相同。

至今，并没有数据能说明 Yelp 网在为广告商过滤评论，同样的指控也未得到法院的支持。然而打赢官司不代表商家就会善罢甘休，他们依然坚称 Yelp 网的销售人员暗示过购买广告位有助于消除差评、扩大好评的影响力。且不论 Yelp 网的自我辩驳以及卢卡的研究数据，Yelp 网评论的确可以作为敲诈商家的工具。点评网站、消费者以及团购网站高朋网（Groupon）的前销售员安德鲁都拥有运用这一工具的能力。

2013 年 8 月，安德鲁在劝说旧金山的 Sauce 餐厅购买广告位时被餐厅老板断然拒绝，于是这位销售员给对方发了一封恐吓电子邮件：

> 作为一个在旧金山生活了25年的本地人，我认识一大帮25～40岁的朋友，他们在Yelp网上都非常活跃。我很乐意让他们知道您对待我的态度以及我对您的看法。

他们“水军”有力量！

卢卡的研究还表明，网络评论可以对营业收入产生重大影响，餐厅评分每增加1星，其营业收入就会有5%～9%的增长。既然网络评论影响力如此之大，商家为什么不为自己写一些5星好评？实际上已经有人在这样做了。为了提高客房预订率，法国雅高酒店集团（Accor）的联络主管彼得·胡克（Peter Hook）在猫途鹰上发布了100多条虚假好评，并为竞争对手奉送了不少差评。2009年，高端咖啡机品牌德龙（DeLonghi）的联络主管T.卡彭特（T.Carpenter）也通过捏造好评来宣传咖啡机。面对《华尔街日报》（*Wall Street Journal*）的指责，德龙公司回应说：

> 我们认为T.卡彭特并没有在评论中发布任何求购信息，他只是表达了对我们产品的满腔热情，这是一种值得我们自豪的员工特质。

由此可见，德龙公司的管理层并不认为员工大肆宣扬自家产品有何不妥。胡克和卡彭特刚好都是公司的联络主管，他们到底是没有意识到虚假评论背后的道德问题，还是他们实在太渴望获得职场上的成功而不惜背弃道德?

大多数企业主和商家都足够明智，知道不应该为自己写虚假评论，但是企业管理人员或者一线工作人员可不这么认为。所以大多数网友并不知道他正在浏览的某条酒店评论可能来自一位酒店经理，而出现这样的状况，那些不严谨的旅游点评网站也要负部分责任。

在一些企业主和酒店经理付费买好评的同时，有另一群商家选择相互合作、彼此写好评。在谷歌上输入关键词“企业主为企业主写评论”，就能搜索到猫途鹰。猫途鹰甚至堂而皇之地将“创建供酒店业内人士为彼此写评论的社群”作为自己的宗旨，并组织来自美国、欧洲和新西兰的九家匿名酒店结成互助联盟。在网站“如何互评”板块，猫途鹰“贴心”地提供了互评技巧：

> 商家可以自己撰写评论内容，之后再交给远在别国的其他联盟成员帮助提交；也可以要求其他联盟成员全权代理评论的所有工作，只要他使用的是新的IP地址即可。

除了提供互评技巧，猫途鹰还销售印有“猫途鹰是大骗子”或者“关闭猫途鹰”等字样的反猫途鹰棒球衣。为更好地服务客户，猫途鹰还提供代笔服务，每条评论收20美元，并声称所有收益将全额捐献给动物保护组织。

我认为，正是某些点评网站“下三滥”的做法导致了企业主对网络评论的模式反感甚至厌恶。当企业主发现竞争对手总是拥有一大堆5星好评而自己却差评一片时，难免会认为网络评论领域太黑暗，并逐渐对其敬而远之。虽然大多数企业主明白为数不多的5星“自评”不足以影响业绩，但仍有不少企业主选择向商誉管理公司如亚马逊土耳其机器人（一种众包网络集市，能使计算机程序员调用人类智能来执行目前计算机尚不足以胜任的任务。——译者注）、Odesk（美国在线工作平台。——译者注）或Fiverr（以色列全球性任务发布、外包平台。——译者注）求助。这些网络平台为企业主提供了翻译网页、做市场调查以及撰写虚假评论的“专业”人员。

Fiverr网站上一位叫Rezafive的用户就是典型的“网络水军”：

> 可利用美国验证账户、多个IP地址、不同用户名为在线服务、产品或竞争对手撰写评论。由于你比我更了解竞争对手，所以评论也可以由你方提供。

评分显示，客户对Rezafive的满意度高达100%。像Rezafive这样明码标价5美元一条评论的兼职者，互联网上不知还有多少。

2009年1月，贝尔金公司（Belkin，科技周边产品的全球领先厂商，为电脑、数码和移动产品的用户提供创新的连接技术。——译者注）在企业网站上赞扬一位员工为四端口 USB 集线器收集好评，然而不久之后，公司总裁马克·雷诺索就为此事公开致歉。为什么会出现如此反转？因为在贝尔金公司鼓励员工撰写好评不久，一位叫阿伦·帕尔萨的博主在亚马逊土耳其机器人上发现了一篇贝尔金业务经理花钱买评论的帖子，这位业务经理的要求很快被曝光出来：

- 5 星好评（分数越高越好）；
- 每条评论 25 ~ 50 字；
- 假装自己拥有该产品；
- 详细说明购买原因及目前的使用情况；
- 感谢网站，表示你对本次购物经历非常满意；
- 给其他差评标记“没用”。

发现这篇帖子之后，帕尔萨还将其分享到 Digg 网、科技资讯网 CNET 以及其他网站，一时之间，贝尔金公司被推上了舆论的风口浪尖。为平息风波，贝尔金公司总裁只能公开道歉并请求亚马逊删除所有虚假评论。

一些具有创业精神的评论者还提供“在线商誉管理”服务，他们会用更系统、更灵活的方式为特定客户提供评论。据统计，2012 年全美企业花费在网络评论上的费用超过 7 亿美元，而 2013

年这个数字翻了一倍。尽管在过去几年里，出现了不少合法的商誉管理公司，但随着网络评论的普及，提供虚假评论的肮脏机构仍在各行各业横行。

2012 年，《纽约时报》刊登了一篇关于 gettingbookreviews.com 网站买卖书评的报道，这篇文章标志着“雇佣评论”行业开始进入大众的视野。文中称，只需花大约 1 000 美元就可以雇用 gettingbookreviews.com 网站站长托德 · 卢瑟福及其带领的独立承包商写 20 条符合文艺圈品位的评论。

除了致力于提供好评，也有一些公司打着“在线商誉管理”的旗号为客户删除差评。Profile Defenders 公司就是其中之一。在其新闻发布会上，Profile Defenders 的负责人称只需支付 5 000 美元，他们就能帮客户彻底删除 Yelp 网上的所有差评，不管那些差评来自心怀不满的前雇员、狮子大开口的顾客还是用心险恶的竞争对手。虽然 Profile Defenders 没有详细说明他们的操作过程，但其网站展示的客户案例透露出一些线索，例如“提供必要的文件证明评论纯属诽谤”、“威胁采取法律手段，说服评论者删除差评”等。

威逼不成，改利诱：“给您打个八折？”

下面，让我们把注意力重新集中到格洛丽亚的理发店上。格洛丽亚分享了她自己使用点评网站的经历。不久之前，她打算以染头发的名义去别的理发店考察一下。在 Yelp 网仔细搜索后，格洛丽亚找到了一家评分几乎为满分的同行。在打电话过去预约的时候，她就敏锐地意识到有什么地方不对劲。电话那头的员工听上去就不够专业，小小的预约完成得磕磕绊绊。尽管如此，格洛丽亚依然选择不理会直觉的警告，照约定时间去了美发店。

等待发型师的时候，格洛丽亚无意间听到隔壁顾客与发型师的对话。顾客说："我不明白为什么上次可以享受八折优惠，这次却不能了。"发型师的解释是，"在 Yelp 网上给本店 5 星好评确实可享受八折优惠，但优惠只有一次"。格洛丽亚顿时明白为什么这家店在 Yelp 网上的评分那么高了：他们竟然通过折扣贿赂顾客。了解真相的格洛丽亚立刻起身并快步离开了那家店。

并非所有赢得顾客好评的尝试都如上文中的美发店那般不堪。虽然邀请顾客写评论无可厚非，但为获好评就为顾客提供折扣的做法显然有"权钱交易"之嫌。旧金山一家汽车餐厅曾以社交媒体为辅助来贿赂顾客。

受启发于电子邮件签名的病毒式宣传，这家汽车餐厅决定将消费账单作为鼓舞顾客写评论、增加营收的新媒介。他们给顾客的餐厅账单上写着："想享受优惠吗？登录 Yelp 网写评论吧。凭评论记录可享受八折优惠！"尽管多数点评网站不赞成商家为写评论的顾客提供奖励，但不可否认，利诱的确带来了更多有效评论，并且提高了顾客的参与积极性。

匹兹堡大学助理教授安德鲁·斯蒂芬（Andrew Stephen）做

过一个实验，他安排了两组人员对同一款电子游戏进行评论打分。其中，A 组人员不管发表什么性质的评论都能得到 1 美元奖励，而 B 组人员则没有任何奖励。随后，斯蒂芬又邀请另外一批人员评价 A、B 两组评论的实用程度。就评论者反馈，A 组的评论比 B 组更实用。另外，阅读 A 组评论的人员表达出也想玩这款电子游戏的意愿。由此实验我们或许可得出如下结论：经济优惠的确可以为餐厅带来更多有价值的评论并吸引更多顾客。

Yelp 网每年都会授予一些评论者“精英评论者”身份并邀请他们加入“Yelp 精英营”，猫途鹰也会评选年度“最高贡献者”。然而，评论者的影响力越大，虚假评论出现的概率越高。所谓“亮出精英卡”（Pulling the Elite Card）就是指评论者向餐厅或商家表明自己在 Yelp 网上的等级为“精英”，并以此要挟对方为自己提供优惠。所幸点评网站对依靠贿赂获好评的做法了如指掌，并采取了各项应对措施，其中包括删除违规评论、在商户页面发警告提醒消费者该商户有欺诈嫌疑等。

Yelp 式“钓鱼”

商家为了利益而伪造评价会产生一系列连锁反应。

首先，在今天的市场环境中，消费者越来越爱挖苦人，他们自愿充当线上评论监察员，四处搜寻虚假评论。同时，消费前阅读评论的风潮进一步提高了大家对网络评论的关注度。

其次，点评网站将虚假评论视为业务的最大威胁因子之一，他们也在尽可能地采用各种方式反击劣质商家。

2012 年秋，Yelp 网推出一项活动，旨在搜查并惩罚发布虚假评论或雇“水军”的商家。具体做法是让 Yelp 网的员工冒充“精英”评论者引出劣质商家。Yelp 网首次出击就有八家商户上钩，其中涉及一家圣地亚哥珠宝店。Yelp 网并没有强行注销这八家企业的账户，而是将他们的可耻行为公布给消费者：

> 敬告消费者：以下商家正试图购买好评，结果被我们抓个现行。在识破这些商家的伎俩之余，我们想让他们知道，购买评论这一行为不仅有损消费者的利益，同样也令遵守规则的优质商家蒙受巨大损失。请认真阅读这里提供的证据……

Yelp 网随即公布了商家与假“精英”评论者的往来电子邮件。

跟其他点评网站一样，猫途鹰也是利用计算机算法来识别评论内容的真伪，判断依据就是评论者的 IP 地址、语法等。幸运的是，大部分真实评论确实与虚假评论存在显著区别。

扑朔迷离：这条评论是真还是假？

下面两条是通过亚马逊土耳其机器人生成的关于芝加哥希尔

顿酒店的评论，一条为真，一条为假。

评论 1：

酒店位于熙熙攘攘的芝加哥市中心，是企业高管的理想选择。不仅地理位置上佳，而且能看到壮观的海景。餐厅宽敞明亮，整个用餐过程很愉快。夜幕降临、华灯初上的芝加哥非常美，仿佛一幅美轮美奂的风景画，在俯瞰市景的同时享受美食的感觉真好。酒店房间很宽敞，还专门提供了办公桌。我强烈推荐企业高管选择这家酒店！

评论 2：

5 月我与同伴在芝加哥待了一周，心想要善待自己，于是选择了希尔顿酒店，所幸它没有让我们失望。或许是因为其他不少房客都只住一两晚，而希尔顿似乎有优待长住房客的惯例，所以他们主动帮我们升级了房间：换了两套有独立洗手间的标准双床间。

我们那天走了好几公里的路，累惨了，酒店的床和枕头舒服得让人恨不得睡死过去。所有的酒店员工都乐于助人。很多房客似乎都喜欢对酒店工作人员视而不见，尤其是女服务员。或许是房客认为这些人妨碍到自己了吧。

离酒店大约两个街区远的哈里森街上有一家叫“橙子”的咖啡馆，那里的咖啡和服务人员都一级棒！如果你需要吃早餐，建议你选择这家。只是周末早上去的话，可能要等 15 分钟才会上餐。

网络评论研究员迈尔·奥特（Myle Ott）及其同事为分辨以上两条评论的真伪，专门开发了一套检测虚假评论和垃圾邮件的特殊算法。为开展研究，奥特及其团队整理了芝加哥地区 20 家酒店的 800 条评论，其中真、假评论各一半。真实评论来源于猫途鹰举办的“芝加哥 20 佳酒店”活动，这项活动产生了 6 977 条评论。剔除非 5 星评论、非英语评论、少于 150 个字符的超短评论以及某些新用户的“处女”评论后，奥特团队得到了大约 400 条真实评论的样本。为收集虚假评论，奥特的团队借助了亚马逊的土耳其机器人。值得一提的是，通常以撰写虚假评论为生的“水军”使用的也是这套程序。

奥特还以 1 美元每条的报酬邀请人写虚假评论，但规定每人只能写一条。发布任务要求时，奥特还为评论者提供了酒店名称及官网链接。他要求评论者将自己设想成酒店营销部的员工，应上级要求为酒店写虚假评论，所以务必将评论伪装得更真实。尽管对虚假评论提出了严格要求，最终奥特的实验仍然证明，计算机程序在判断评论真伪时，正确率高达 90%。

根据我的经验，很多网络评论的支持者认为大多数消费者能够准确区分评论的真假，因此他们不相信虚假评论会产生巨大的影响力。奥特的研究反驳了这一观点。

为衡量大众对网络评论真实性的判断力，奥特找到了三位学历在硕士以上的实验志愿者，要求他们就猫途鹰上的评论进行真假判断。结果，三位学生的正确率均在53%到61.9%之间，远低于以语言学为基础的计算机程序。

区分真假评论，多少有迹可循。过去的普遍认知是虚假评论很少用第一人称，因为评论者想剥离自己与虚假评论之间的关系。奥特的研究却表明，第一人称代词使用频率过多的评论，其真实性反而可疑。为什么会出现这种转变？奥特推测，原因在于评论者试图通过这种方式来加强评论的可信度。

奥特的研究还发现，与虚假评论相比，真实评论往往包含更多"涉及感受及具体情景的词句"，例如空间构造、周围环境等细节。因此，如果评论者在评论中提到房间的空间构造、大小或地理位置，这条评论就很有可能真的是顾客撰写的。

> **模糊的好评会让消费者认为产品好像没有什么特别的优点，而具体的差评则显得诚实可信。**

上文中，对希尔顿酒店的两条评价，你的真伪判断是什么？在此我公布答案：第一条评论是由土耳其机器人生成的虚假评论，第二条是来自猫途鹰的真实评论。假评论中包括大量描述性语句，倾向于使用夸张的形容词和副词。有错别字、语病的评论通常也是真实评论。亚马逊网站上的差评最多导致商家流失原本打算花 20 美元购买一套工具或花 9.99 美元购买一部电影的顾客，但风险创投评论网站 TheFunded 的评论影响却是价值数百万美元的交易、6 000 多个创业投资基金组织以及 13 000 个合伙人。

2006 年，美国创业者学院（Founder Institute）创始人阿德奥·雷西（Adeo Ressi）在募集 900 万美元的过程中，就曾因网络评论错失 300 万美元的投资。受此事启发，雷西创办了风险创投评论网站 TheFunded。雷西意识到投资者是基于商誉和“传闻”选择创业基金和合作伙伴的。TheFunded 网站为投资者们提供了一个平台，供大家分享赢得风险投资的经验以及与伙伴合作的工作方法。

沙拉姆·福尔代杰-默瑟（Sharam Fouldager-Mercer）刚刚为自己的企业 AirPR 在 A 轮融资中募集到近 400 万美元，他是 TheFunded 网站的重度使用者。沙拉姆认为 TheFunded 网站为不了解融资和创业投资基金的投资者提供了大量实用资源。过去，风险资本的内部运作笼罩在神秘的面纱之下，如今，TheFunded 这类网站的出现让我们得以一窥这个高风险的世界。

沙拉姆也指出，网络评论存在一个问题。TheFunded 网站的确很棒，但它最大的优势同时也是它最大的劣势。由于 TheFunded 网站实行匿名制，于是用户便无法获悉评论者的身份，不知道此评论背后是否有利益纠葛。因此，该条评论的参考价值就无从判定。然而，初创企业能否获得融资很大程度上取决于网站上的评论，那些恶意评论很可能扼杀一家原本能够成为行业新星的企业。

在实用性行业，网络评论同样存在不足之处。你是否会在打开台灯的时候暗想，“只要每次打开开关，灯都及时亮起来，我就上网给电力公司一次 5 星好评”？我猜你从来没有这样想过，正因如此，电力公司得到的多半是差评，因为只有在停电超过通知时间或者电力公司的服务电话一直打不通的时候，你才会真的上网给电力公司评价一番，显然你在发牢骚的时候不可能写好评。

RateMyProfessors 网站暴露了网络评论的第三个不足之处。RateMyProfessors 网站成立于 1998 年，目前已发展为一个庞大的数据库，包含 1 400 万条对 130 万名教授的评论，评论者来自 7 000 多所学校的学生。这 1 400 万条评论涉及教授的整体素质、讲课水平、亲切程度以及教学热忱等多方面。跟 TheFunded 网站一样，RateMyProfessors 网站评论的公正性也饱受质疑。如果一位学生因为自己考试不及格就给教授低评分，显然有失偏颇，因为学生考试不及格可能是教授的责任，也可能是学生自己没有认真学习，或缺乏学好这门课的才能。

那些无厘头的神评论

2012 年 9 月美国总统大选前，贝拉克 · 奥巴马突然造访佛罗里达州皮尔斯堡的 Big Apple 比萨店。当时，这家餐厅的老板斯科特・范・杜泽紧紧拥抱了奥巴马，并夸张地将其抱离地面。奥巴马的随行记者抓拍到这罕见的一刻，并将照片上传到互联网。随着美国媒体的争相报道，像病毒般扩散的不仅是那张照片，还有 Big Apple 比萨店在 Yelp 网站上的评论。奥巴马到访前，这家比萨店在 Yelp 网上的评论只有一两条，“拥抱门”之后，评论在几天内飙升至 2 500 条。这些评论大多与店里的比萨无关，而是包含着政治倾向。其中，来自右派的 1 星差评如潮水般汹涌，因为杜泽是共和党人，右派认为他不应该拥抱奥巴马，左派却纷纷给比萨店打出 5 星好评。这次由“拥抱门”引发的评论大战，向我们完美阐释了一个事实：有些网络评论会因为离题万里而失去实际参考价值。

在收到政治评论之后，Big Apple 比萨店请求 Yelp 网删除这些与主题无关的评论，Yelp 网全力配合了此次行动。因此，Big Apple 比萨店也被看作正确利用社交媒体将事态引回正轨的楷模。

如果你打算购买香蕉切片机，我建议你考虑一下赫茨勒牌。撰写本文时，赫茨勒牌 571 型号的香蕉切片机已经收到了 4 593 条评论。但实际上，这 4 593 位评论者中只有很少一部分人真正购买或使用过这款产品。

不少人喜欢为特定的品牌撰写非客观评论，这款香蕉切片机就是众人“攻击”的对象之一。这群“吐槽”功力深厚的评论者，借 571 型香蕉切片机充分展现了自我。我们不妨看一看这条来自 SW3K 的评论：

数十年来，我一直苦苦追寻一种将香蕉切成圆片的理想方式。人人都说“用刀好！”只可惜……我的假释官不同意。“用枪射！”啊噢，可能会招致警方的背景调查……看来，我只能小心翼翼地徒手掰了。

然而，100次当中有99次我的努力都会以失败告终，所以我总是需要一头怒火地将仿佛一摊狗屎的香蕉泥用力摔在墙面上。被香蕉片折磨无数次后，我的假释官将这款厨房神器推荐给我，从此我的人生发生了翻天覆地的变化！

这种厚皮黄色水果再也无法激起我的愤怒与仇恨了，我终于可以专注于热爱的戏剧事业了。顺便提一下，我正在写一出音乐剧，讲述的是两个来自有世仇家族的男女相爱的故事。我打算取名为《南城旧事》。

来自T太太的评论：

这款571型香蕉切片机让我惊艳，它是人类有史以来最伟大的发明之一，其重要性堪比车轮、青霉素，足以媲美iPhone手机。从前，我经常和丈夫就谁来给香蕉切片而吵得不可开交，没人愿意干这事儿！我最喜欢的推脱之辞是：“我一整天都在带孩子，你就不能为家里做点贡献，把这些香蕉给切了吗？”当然，还有可能听到的是“我工作

12个小时之后，回家就该得到这样的待遇吗?！我难道还有力气伺候那些软塌塌的香蕉吗?！”那些烂香蕉差点摧毁我们的婚姻。就连孩子们都觉察出了我们的婚姻危机。

有一次我听到6岁的女儿在自己的房间里，与芭比娃娃模仿我们为香蕉争吵的情景。我知道我们必须做出改变。在这样的危急时刻，571型香蕉切片机出现了！我们的婚姻从没有像现在这般和谐。感谢571型香蕉切片机!

充斥着恶意欺诈、利益冲突、敲诈勒索、谬误观点或故意调侃的网络评论世界，或许真的值得你置之一笑。但我要说的是，忽视网络评论是不对的。

调查显示，82%的消费者会在做出购买决策前查看网络评论。另外，网络评论的数量正在以惊人的速度增长。你确实有足够的理由去憎恨评论，然而，对其报以冷眼只会导致大量顾客和利润的流失。在激烈的市场竞争下，点评网站也正努力提高自身发现及消除虚假评论的能力。随着时间的推移，计算机算法也能更加高效、精准地改善网络评论环境。

虽然真实的差评数量不多、比重很小，但依然是企业主的眼中钉、肉中刺。在下一章中，我们将讨论如何应对差评，并将其转化成学习进步的机会。

EVERYONE'S A CRITIC

第3章

如果遭遇差评

面对惨不忍睹的买家秀，淘宝店家怎么做才能既不辜负现有顾客的热情和忠诚，又不吓退潜在顾客?

根本连服务都没机会体验的消费者，却理直气壮地散播负面评论，商家要怎样迎接类似的“空穴来风”?

第3章

如果遭遇差评

Bad Reviews Happen

★★★★★

之所以愿意拿起这本书，可能是因为你是一位与网络评论有过不愉快经历的独立企业主，也可能因为你是一个求知欲旺盛的顾客，或者一家大公司的营销人员，想看看如何利用网络评论提升公司的形象。无论出于什么目的，下面我将提供一项有效练习，帮助你理解网络评论如何影响他人以及我们要如何利用它们。

现在，放下这本书，打开电脑，点击浏览器，访问你知道的或者惯用的点评网站。虽然你可能迫不及待地想要查看自己企业的评分，但我们首先要从查看别人的评分开始。这就像是飞行员克服飞行恐惧的课程：让他们开着飞机在跑道上绕行而不是一下子就飞离地面冲破云层。

在点评网站主页上搜寻附近的餐厅，就能看到你附近所有餐厅的评分。找一家你光顾过的餐厅，但先别点进去。拿出一张白纸，然后用一条竖线将白纸分为左右两栏，分别标记为“优点”和“缺点”。开始阅读网络评论前，根据自己的用餐经历，将这家餐厅的优点列在“优点”栏里，写得越具体越好，例如你最喜欢的菜是哪一道、周围环境以及整个用餐过程中你最满意的地方。接着，用同样的方式写下餐厅的“缺点”，包括你不喜欢的菜式、用餐过程中遇到的服务问题以及其他让你不愿意再次光顾它的原因。

完成这张表单后，点击餐厅在点评网站上的链接，查看他们收到的评论。你可以将评论按星级排序，从5星好评开始看起。为了将你自己的评价与别人的做个区分，你可以另用一张纸将5星评论中反复出现的优点列出来。接着用同样的方法查看这家餐厅的差评。

完成统计后，重新看你填的第一张表。首先，你的评论与其他人的评论有多大相似度？作为一个曾经在那里用过餐的顾客，你是否发现言过其实的褒奖和无中生有的批评？是否存在你没有提及，但比较中肯的好评？是否有一道你没有印象的菜式或某位你忽略的服务员，或者你没有观察到的细节？评论是否存在严重的两极分化？同一道菜是否有收到两种截然相反的评论？

完成以上对比之后，你可能会发现即便是同一家餐厅的顾客，大家的体验也会完全不同，因此餐厅既会得到“再也不去了”的1星差评，也会收获“最难忘经历”的5星好评。而这正是商家对Yelp网和其他点评网站最大的不满——顾客的评价不公平、不客观或者不准确。但正如上文所说，即便是有失公允的评价也应该得到重视。

另外，你或许会发现网络评论的一个隐秘作用：**让你留意到**

某些一直被忽略或者过滤的信息。接下来的章节里，我会为你证明将注意力扩大到差评以外的地方有助于总结出一套完整的评论模式，而这个评论模式会深化你对自家企业、竞争对手、所在行业，甚至你最喜欢的餐厅的认识。

喊冤之前，请先正视对手

我非常理解企业主回避差评的心理，停止写书的那五年我也不敢看我上一本书在亚马逊网站上的评论。

我仍清楚记得第一次看到自己的差评时的情形。当时，我正坐在书房，那里也是我花费无数小时搜索资料并撰写我的处女作《在线为王》（*Click*）的地方。写那本书的时候，我经常工作到凌晨 5：00，可谓勤勤恳恳夜以继日，我满怀希望地期待着它的问世。

《在线为王》上市一周后，我就收到一条“一本废话连篇、毫无生趣、作者自我吹嘘的口水书”的读者评论。还有一位“环保室内设计师”说：“作者的表述让人生厌，随意翻了一遍。”我的心情因此大受影响，而为了新书宣传，我当天还要接受电视和电台的采访。原本热切期待出席这些活动的我顷刻陷入自我怀疑的漩涡之中，即便全部的 76 条评论中有 48 条是 4 星以上好评，即便《在线为王》登上了《纽约时报》畅销书排行榜。

在看见那条差评之前，我每天登录各个书评网站查看读者评论，然而被冷酷否定之后，我感觉自己再也无力承受任何人对

《在线为王》的任何评价了。写作本书时，我也进行了上文中希望你完成的练习。起初，这个练习很难，重读差评让我再次体会到2005年10月在书房看到第一条差评时的糟糕感受。分析好评和差评的过程中，我逼迫自己认真阅读评论者的批评："这本书的营销成分太多"，"作者谈论自己的内容太多"，"这本书完全是纸上谈兵"。认真思考过后，我意识到实际上有些批评相当中肯。由此我开始知道新书写作时哪些方面需要改进。

> **记不住过去的人，注定要重蹈覆辙。**

在采访的过程中，我发现企业主总会提及某一条让他们印象深刻的差评，并就此得出网络评论不值一文的结论。我明白这些企业主产生了跟我当初读完一二星差评时一样的感受，曾经我对评论的看法也如此扭曲。

批评，尤其是毫无根据、不甚准确或者暗含恶意的批评总是令人难以接受。然而，直面差评对商家意义重大，差评里每一个中肯的看法都有可能帮助你提高业绩。所以，**请不要把差评视为批评，而应将其视为数据**。

过去10年间，我的事业都是以在线竞争情报为中心，利用在线行为数据帮助客户提高业绩。我的经验是，单凭自己及竞争对手的网络评论就能获得大量惊人的消费信息，甚至网络评论附带的信息量基本不亚于专门针对竞争对手而展开的顾客满意度调查。

那么我们为什么要拒绝采用对自己卓有成效而同行却无法照搬的经营方式呢？如果你因为网络评论存在一些非客观、有偏颇或完全虚假的状况，就决定对整个网络评论世界视而不见，那么你必须学会接受网络评论分析的第一条法则：**差评永远存在，你要直面它们，并从中汲取养分以便继续前进。**

为什么米其林三星餐厅也会有差评？

这里还有一个练习，它能进一步稀释你对差评的厌恶。首先以你们行业内最受好评、最赚钱、最成功的企业为例。现在再次打开网络浏览器，登录一家高信誉度的点评网站，找一找这位行业领袖是否有 1 星差评。我敢断言，无论这家企业或其产品多么受欢迎，总会有人给差评。

我最喜欢的经济学书籍是史蒂芬・列维特和史蒂芬・都伯纳合著的《魔鬼经济学》(*Freakonomics*)，我正是在它的触发下创作了《在线为王》。到今天,《魔鬼经济学》已被翻译成 35 种语言，全球销量超过 400 万本，连续数周雄踞《纽约时报》畅销书排行榜榜首。然而，在写作本书时，《魔鬼经济学》在亚马逊网站上的 2 126 条评论中竟有 143 条 1 星差评。

这 143 条差评中，有一条标题为“名不副实且过于简单”的评论，而另一条评论的标题是“一本滥用统计数据的危险作品”。总的来说，这本突破性的畅销书收到了 254 条 1 星或 2 星的评论。

再举个例子，就以你心中的最佳餐厅为例。我与妻子庆祝十周年结婚纪念日的那家就是我的最佳餐厅——位于加利福尼亚州北部葡萄酒之乡的大名鼎鼎的法国洗衣房餐厅（French Laundry Yountville）。法国洗衣房餐厅是全球美食界评分最高的餐厅之一，曾赢得詹姆斯比尔德美食大奖，被《餐厅杂志》（*Restaurant Magazine*）评为“全球前五十的餐厅”之一，自2006年以来，法国洗衣房餐厅每年都被《米其林指南》（*Le Guide Michelin*）评为三星级餐厅。除了在业界拥有如此盛名，法国洗衣房餐厅也深受顾客欢迎，想前来用餐的顾客必须提前60天预约。所以，你或许会认为法国洗衣房餐厅的评论一定是全5星好评。如果这样想，那你可就错了。

不妨问一问来自圣塔克拉利塔的J.L.的用餐经历，他在Yelp网上只给了这家餐厅一颗星。J.L.写道：

> 这是我第一次写评论，之所以要开这个先例是因为我必须这么做，毕竟我耗费了非常多心血去打电话预约这家餐厅。你知道打通他们的电话有多难吗？我从早上10：00一直打到10：42，听到的始终都是忙音。好不容易打通后，餐厅工作人员居然告诉我预约已满，称如果不介意的话可以从现在开始挂号排队了。这简直太荒谬了！而且连续两天都是这种情况！我倒要看看，他们会不会回个电话来给我道歉。祝那些预订成功的人好运吧。

不难看出，J.L. 之所以给法国洗衣房餐厅 1 星差评，仅仅是因为这家餐厅太受欢迎，他预订不到座位。从他的评论来看，J.L. 应该从来没有“机会”光顾法国洗衣房餐厅，然而即便如此，他的评价仍会影响餐厅的整体评分。

连餐厅大门都没进去的消费者竟然也有资格给自己差评，这或许是餐厅老板最大的不满了。诸如此类的差评比比皆是，比如：

- 我预约不到座位，所以你要得 1 星差评；
- 我找不到停车位，所以你要得 1 星差评；
- 我吃不起你们家餐厅，所以你要得 1 星差评。

有些成功预订到法国洗衣房餐厅的幸运儿也会给这家餐厅打 1 星差评。实际上，这家餐厅在猫途鹰上的 588 条评论中有 51 条是 1 星差评，R.U. 的评论就是其中之一：

> 写给所有看到这条评论的人。到法国洗衣房餐厅用餐的风险可是很大的哟，千万别说没人提醒过你。去一趟可就要白白浪费掉近 300 美元，而且是人均消费！是人！均！消！费！
>
> 另外，只要是个会做饭的都能做出这种程度的食物来好吗?！经济这么不景气的情况下，餐厅老板还敢收这么高的费用却提供那么蹩脚的服务，他真该为自己感到羞愧。

距离法国洗衣房餐厅三个街区的华盛顿大街上，有一家叫“西乔”的比萨店，他们供应的食物也很棒。西乔比萨店的开胃菜为8美元，主菜或比萨的价格为12～15美元，而在法国洗衣房餐厅，即便不喝酒、不给小费，最低消费也要270美元。于是，西乔比萨店的星级评价远远高于这家米其林三星餐厅。从Yelp网的排名来看，你更期待去西乔比萨店还是法国洗衣房餐厅？

> **消费者浏览差评的时间是浏览普通评论的4倍，而且浏览差评的消费者的购物量是平均购物量的1.67倍。**

我也希望找到永远不会得到差评的秘诀，但请原谅我的无能为力。无论你是法国洗衣房餐厅的经理，还是某烧烤酒吧的老板，你都有可能得到1星差评。我的建议是，接受这个事实，因为你越早这样做，就能越早吸纳意见、越早改善业务。

有些人为了提高好评率，可谓是煞费苦心。以纽约牙科医生斯泰茜为例。

由于牙痛难忍，罗伯特·李在网上找到了斯泰西医生的诊所。在去诊所之前，斯泰茜医生坚持要求罗伯特签署几张表格，其中包括一份“隐私保护协议”。罗伯特顺从地在这张表上签了名，表示自己不会向外散播任何贬损斯泰西医生的信息。

然而，后来罗伯特和斯泰茜医生就收费问题发生了争执，于是罗伯特在Yelp网上给了斯泰茜医生差评：

千万不要去！欺骗病人！原本只需要几百美元的小手术，却收了我近5 000美元。他们还拒绝将费用提交给我的保险公司。

当我要求他们提供一份医疗记录时，他们却声称需要从第三方获取记录所以要我交纳269美元的手续费。但是根据法律规定，牙医必须在我提出书面请求后10天内提供医疗记录，且医疗记录的成本在每页75美分以下。我打算起诉这家诊所。

罗伯特后来收到来自斯泰茜医生办公室的通知，他被要求删除该帖，对方还威胁他如果不删除就起诉他违约。罗伯特表示这一次将不再顺从，因此之后的每天他都会收到对方的100美元索赔支票。两年多过去了，罗伯特的评论仍然留在Yelp网上。

斯泰茜医生通过私订合同来限制病人评论可谓一种“创新”，因为迄今为止还没有多少商家敢公开用合同阻挠顾客差评。鉴于宪法赋予公民言论自由的权利，任何企图压制网络评论的行为多半都会以失败告终。

差评的原因多种多样，但有时候获得差评反而是一种收获。在此我先提醒各位，大家到波士顿的时候，一定要谨慎地选择比萨店的外送服务。

存在即合理：差评的中肯之处

不是所有的差评都充满恶意，有些差评是商家糟糕经营的真实写照。位于马萨诸塞州波士顿的富豪咖啡比萨店（Regal Café Pizzeria）在 Yelp 网上的评论总共有 21 条，而它们全部都是 1 星差评。这家店可能是 Yelp 网站上评价最低的商家了，而它也是网络评论反映企业真实经营状况的一个很好案例。

浏览过富豪咖啡比萨店 Yelp 网的所有评论后，你会发现它们的一致性很高。光顾这家比萨店的客人大多是出差在外的商务人士。之所以选择它，是因为它在酒店前台小姐提供的外送餐厅名单之列。富豪咖啡比萨店的主食有比萨饼、三明治、鸡翅、炸起司条、海鲜等，甜点有提拉米苏和芝士蛋糕，菜单不可谓不丰富。

据差评显示，大部分时候富豪咖啡比萨店的送餐速度都很慢，而且，送餐员会不按照客人要求送餐。比如一名评论者反应说，他明明只点了一份 13 美元的比萨饼，却还额外收到鸡翅、芝士蛋糕和沙拉。当他指出送餐员的错误时，对方明确地告诉他比萨饼以外的餐点都是餐厅免费赠送的，因为餐厅那天刚好有优惠活动。然而，几天之后，顾客在核对自己的信用卡账单时却发现，这顿饭花费的可不是 13 美元，而是 65 美元。评论里有关这家餐厅外送骗局的描述惊人的一致，一致得几乎让人怀疑那是其竞争对手的杰作。

终于有一天，加利福尼亚州检察长办公室收到了大量顾客对富豪咖啡比萨店的投诉，很快，消息传到哥伦比亚广播公司（CBS）波士顿新闻分部的耳朵里，CBS 迅速就此事组建起调查小组。为核实投诉的真实性，调查小组打电话向富豪咖啡比萨店订了一份比萨饼，然后正如评论者描述的那样，送餐员带来了额外的餐点，并且告诉记者它们是餐厅为一场万圣节派对准备多了的，所以免费赠送给他。最终，原本 18 美元的晚餐被这家餐厅从信用卡上划走了 84 美元。

“网络评论有个隐秘作用：让你留意到某些一直被忽略或者过滤的信息。”

从这家“一星大满贯”餐厅到猫途鹰评选出的年度最糟糕旅馆得主，我们可以清楚地看到，点评网站上有些差评确实是“实至名归”。至少，差评可以揭示一些有待改进的方面，并且有助于提高好评的可信度。

撰写本章节时，我再次访问了亚马逊网站和好读网（Goodreads），重新浏览了《在线为王》的那些差评。此刻距离《在线为王》出版已有五年之久，但有些差评依然让人难以面对。然而，必须承认的是，“环保室内设计师”的评论确实有中肯之处，我也确实太依赖于某一家企业的数据，也难怪有广告宣传之嫌了。《在线为王》是否只是纸上谈兵？这个问题也确实是见仁见智。

现在我会把读者对我作品的常见批评列成一个清单，然后敦促自己有则改之无则加勉。至于本书会得到怎样的评价，自然也不在我的掌控之内，但这一次我决定以开放的态度接纳所有评论，不论是好评还是差评。

EVERYONE'S A CRITIC

第4章 放大镜下的评论者

阅读本书之后，为什么有些读者会去亚马逊或当当网上留下评论，有些却不会？为什么有些评论会寥寥数语，类似“一本好书”，而有些却巨细靡遗——“本书从以下几方面研究了商家要如何利用网络评论增加收益，第一，……；第二，……；第三，……”？

第 4 章

放大镜下的评论者

Who Writes Reviews

前文已经提到过，格洛丽亚的理发店位于圣马特奥市的中心城区，她的顾客通常是当地的生意人，餐厅老板、房产经纪人、保险销售员、商店店主等。当我再次拜访理发店时，格洛丽亚向顾客介绍了我，说我正在写一本关于网络评论的书，然后想询问他们对 Yelp 网和网络评论者的看法。

听完介绍，一位正在翻阅《体育画报》（*Sports Illustrated*）的房产经纪人抬起头来，皱着眉头说："评论者不过是群一肚子牢骚的家伙罢了。"另一位正低头发短信的顾客插话进来："一群怒气冲冲的人。他们把 Yelp 网看成一个可以欺负我们生意人的地方。"然后格洛丽亚开始痛骂理发店的那条假评论，我不禁神游太虚开了会儿小差，这个故事我已经听了不下 20 遍了。我在思考，消费者放下自己的事情、"无私奉献"地为商家写评论到底是为了什么。

通常，我们看到的评论会各式各样，有的是用智能手机写的几句小短评，有的是仔细斟酌、配了丰富图片的长文章，还有少数是显然费了大量精力制作的视频。评论者这么做到底是被愤怒、赔偿金、可能的免费商品驱使，还是真的出于利他心理——提醒别人不要上当或者赞扬优质商家？

锁定目标对象：谁在评论？

接下来，让我们借助专业数据分析一下评论者的人数和心理。我的另一个身份是益博睿信息技术公司的全球研究部总监，我每天的大部分时间都在整合研究海量的消费者行为数据，以挖掘各种行为背后的驱动力。通过营销服务数据库，我可以了解到美国500万网民每天都在做什么，他们会访问哪些网站，搜索哪些关键词。另外我们还有一个地域性消费者研究数据库，那是我们实地调查美国西蒙斯地区2.5万多名消费者之后得到的反馈信息，共6万多条数据。

我要解决的第一个问题是：有多少消费者会撰写网络评论？2013年的调查显示，抽样人群中11.2%的人写过评论，这意味着美国全年共有2 530万消费者会评论自己的消费行为。2008年我写《在线为王》的时候，曾有一项独立的研究显示，当年只有1%的美国人在写网络评论。也就是说，在不足5年的时间里，网络评论者的规模扩大了10倍。

先前，当格洛丽亚的顾客说有些评论者只是在点评网站上发泄怒气时，我虽认同但仍然怀疑，难道那2 530万评论者都遇到了糟糕服务？实际上，Yelp 网上的 1 星差评只有 13%。

第二个问题是：网络评论者是谁？网络评论者的年龄、性别和收入状况是否具有某些明显的特征？有很多企业主想当然地认为只有年轻、挑剔的消费者才会在网络上写评论。尽管网络评论者确实是年轻人居多，但不得不承认，其他年龄层的消费者也为网络评论的繁荣贡献了力量。

数据显示，评论者中女性比男性略多，占比 51.7%，而且评论者的年龄构成比美国人口结构要年轻一些。其中 25 ~ 34 岁的消费者是评论主力，占比 30.2%。如果你正处在该区间，那么你撰写网络评论的概率就要比其他年龄层的人高 73%。

> **Yelp 网上的评分每增加 1 星半，用餐高峰时段中餐厅满座的可能性就提高 19%。**

在所有种族中，白种人和非裔美国人的网络评论者比例与评论者的国民占比（评论人口占美国总人口的比重）持平，拉美裔美国人比较不喜欢撰写网络评论，其比例稍低于评论者的国民占比。亚裔美国人的人均网络评论条数超过其他所有种族，而且他们撰写网络评论的概率是平均水平的 1.6 倍。

消费者调查公司 Quantcast 曾提出报告称，Yelp 网上的亚裔评论者的比例可能高达 15%，而亚裔美国人在全美总人口的占比只有 5%。专栏作家维多利亚·岳（Victoria Yue）曾在旧金山专门反映亚裔美国人生活的*Hyphen*杂志上发表过一篇文章，探讨了亚裔美国人更喜欢发表网络评论的原因。她认为原因之一是旧金山湾区居住着大量亚裔美国人，而Yelp网的总部就位于旧金山。尽管维多利亚的解释有些道理，但也有可能是因为许多亚裔美国人符合Yelp网评论者的特征：**年轻且受过高等教育、平时接触互联网的机会高于其他人。**

分析之后，我发现有一个群体最热爱发表网络评论，他们也最倾向于在做出消费决策前阅读和参考其他人的评论。

网络评论主力军：新手妈妈

撰写网络评论最多的群体没有明显的统一的外在特征，他们年龄各异、职业不同且来自五湖四海，他们最主要的共同点是处于相同的生命阶段——刚刚为人父母。年轻的父母亲，尤其是孩子年龄在0到5岁之间的母亲，撰写网络评论的概率是平均水平的9倍。或许你会说年轻父母之间的共同点非常多，但我们不能否认，做母亲确实是人生最重要的生命变化之一，在这个时期母亲要面对大量眼花缭乱、摸不着头脑的产品和服务。有太多问题值得新手妈妈烦恼了：应该买什么样的婴儿床？哪位儿科医生更值得信赖？宝宝要吃哪个牌子的麦片？哪家托儿所最棒？

在网络评论诞生之前，新手妈妈会借助家人和朋友的建议做决定，但如今，大家有了更便利、更权威的选择——网络评论。利用网络评论，她们还可以将自己的经验分享给其他人。

益博睿公司的数据显示，新手妈妈也是社交网络上最活跃的群体。她们会频繁地访问 Facebook、图钉网（Pinterest，基于地理位置的手机拍照分享社区。——译者注）以及妈妈生活社交网（CafeMom）。同时，新手妈妈也是移动网络的积极使用者，基本上她们所有出门在外的时间都贡献给了 Facebook、邮件和短信。

移动设备和社交网络的结合进一步推动了网络评论的大繁荣，因为新手妈妈需要边购物边阅读和撰写商品评论，这便形成了“展示厅现象”。只是，她们在把实体商店当成在线网店的展示厅的时候，不仅仅用眼睛参观，还会认真地动手写评论。

越富有越发声？

除了发现网络评论的最高贡献者，我还发现点评网站的用户，其经济收入往往略高于平均水平。也就是说，**收入水平越高，访问点评网站的可能性也越高**。家庭年收入低于 3 万美元的消费者访问点评网站的概率比平均水平低 21%，而家庭年收入高于 15 万美元的消费者登录点评网站的概率比平均概率高 95%。如图 4.1。

出现这种情况的原因可能是，消费者越富有，就越有可能外出旅行、吃饭等，越有可能购买点评网站上常见的商品和服务。益博睿公司的调查也显示，大型点评网站的用户都相当富有。

如果你的商品和服务正是针对较高端人群，我建议你在自己的官网上增设客户评论这个板块。不这么做的缺点很明显：你的潜在顾客很有可能在点击购买按钮之前就离开你的网站查看你竞争对手的信息去了。**而电子商务最重要的规则之一就是，在消费者付款之前，不要给他们任何机会关闭你的页面。**

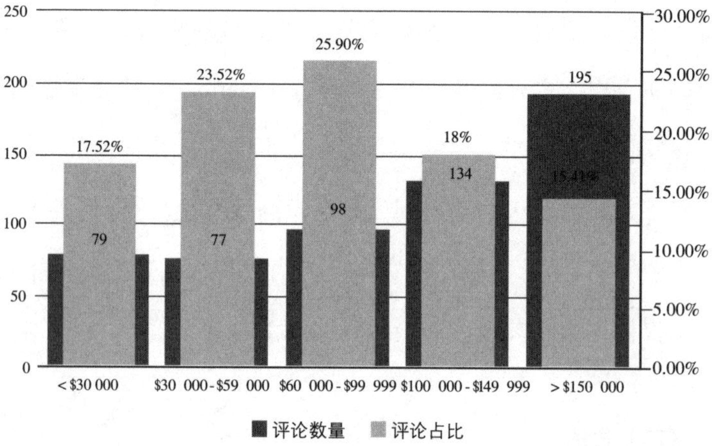

图 4.1　家庭年收入与网络评论的关系

全民参与，百花齐放

分析几家点评网站之后，你将会发现他们的用户在收入水平、所在地以及年龄等各方面都不尽相同。Angie's List 网站创建于 1995 年，它和 Yelp 网的区别在于它提供的是订阅服务，消费者只有在付费之后才能阅读和发表评论。Angie's List 网站的重点客户是服务供应商，诸如家居维修承包商、医生、会计师等。

益博睿公司的调查数据显示，Yelp 网的最主要用户是年轻的城市单身人士以及权力精英，后者尤指那些住在高等住宅区的富有家庭。这两个群体分担了 Yelp 网 12% 的点击量。Angie's List

网站的最主要用户占所有用户的 23%，其中有一类也是权力精英，另一类是居住在市郊的富有的婴儿潮一代。

此外，Angie’s List 网站的用户总体比 Yelp 网的用户更年长。猫途鹰用户的年龄主要在 35 ～ 44 岁以及 65 岁以上，Yelp 网用户的年龄主要分布在 25 ～ 34 岁。

评论者的国度：中国

评论者分布最稠密的 10 座城市里，有 7 座城市位于加利福尼亚州，实际上，除了檀香山、奥斯丁，其他 8 座城市都位于美国西海岸。

尽管美国的网络评论数量似乎已经足够多了，但数据表明，美国人均网络评论数仅有印度和中国人均评论数的 1/3。

据弗雷斯特研究公司（Forrester Research）的调查报告，美国的网络评论总量远低于世界最活跃国家——中国。在印度的大城市和中国大陆地区，超过 70% 的消费者曾发表过网络评论，而这个占比美国只有 20%。

读心术：他为什么评论？

谁会评论你的商品？是什么促使他们登录某个点评网站，留下自己的言论？圣塔克拉拉大学的营销学教授爱德华·麦夸里（Edward McQuarrie）曾分析说，可以从三方面解释网络评论者的动机：社群感、身份认同和自我表现。

麦夸里在论文里表示，根据他的研究，最强大的评论动机并非是获得赔偿。许多商家对此存在误解，他们认为消费者发表网络评论一定是别有用心。当然，确实有些职业差评师是靠抹黑商家谋生，但这一群体的数量毕竟不多，大部分消费者都相对“单纯”。

社群感

网络评论者之所以愿意不辞劳苦，第一个可能性是，撰写评论能够产生一种社群感。麦夸里表示，点评网站会采取一些措施加强用户的互惠感和团结感。在对商家进行评论时，评论者其实是在回馈他们的社群，壮大团队的力量，而对其他人的评论给予回复也相当于一种互动。诚然，Yelp 网为消费者和商家提供了意义重大的反馈系统，借助这套系统，评论者不仅可以给商家反馈，还可以给其他评论者反馈。

网络评论带来的社群感类似于 Facebook 那样的社交网络营造的圈子氛围。社交网络的用户可以发表自己的观点、评论别人以及被评论或者“点赞”。点评网站和社交网络唯一的区别就是发表的内容不同罢了。

身份认同

研究发现，**网络评论者的第二种动机是提高身份等级**。几乎所有的大型点评网站都会根据评论者的活跃程度设定不同的身份等级。Yelp网是颁发“精英”徽章，亚马逊会称活跃的评论者为“顶级评论家”，猫途鹰的最高奖励是授予“最高贡献者”称号。

除了获得虚拟地位，大部分评论者在发表了大量评论之后，将有机会获得更多实际利益。例如，Yelp网会邀请精英评论者参加产品或服务试用活动，亚马逊的优质评论者常会受邀加入“最值得信赖评论者”项目，加入项目组之后，评论者就可以获得免费的试用产品。猫途鹰也会向最高贡献者赠送行李牌和手提袋等小礼品。

自我表现

麦夸里对评论者心理的第三种解释是，**网络评论对他们来说是一种“自成目的”的行为，与其说他们怀着功利目的，不如说那是一种自我表达**。就像戏剧表演和美术创作，抛开经济收益不谈，艺术成果本身就是对行动的回报。自我表现型评论者会以自己的评论为骄傲。和他们类似的还有一类人——博客博主。虽然当博客文章累积到一定程度，博主会获得一些报酬，但对他们而言，撰写博文最初始的目的是吸引他人阅读。

尽管麦夸里对网络评论者的行为已经有了三种严谨的解释，但我相信仍然有一些更加复杂的因素在发挥作用。

★案例1　“每个人都拥有看到我的评论的权利”

此刻我正坐在加利福尼亚州核桃溪市的一个庭院里，身旁坐着温文尔雅的埃里克。从 2008 年开始，埃里克就成为 Yelp 网的精英评论者了。埃里克拥有惊人的评论数据：评论 4 213 条，好友 1 895 位，上传照片 2 100 张，被认为"有用"29 700 次，另外，埃里克还是 1 178 件商品或服务的首位评论者。

我问埃里克他为什么那么热衷于写评论，他毫不犹豫地说："因为我觉得每个人都拥有看到我的评论的权利。"说完他放声大笑，这一举动让我以为他是在开玩笑。但跟埃里克聊完以后，我发现他确实以履行责任的认真态度在写评论，他为自己的评论感到自豪，并力求保持评论的准确性和全面性。

和很多我交流过的评论者一样，埃里克每天都会登录 Yelp 网。埃里克表示，他之所以能完成如此数量的评论，很可能是因为他有在每一次消费之后撰写评论的强迫症。浏览埃里克的评论之后，我发现他的评论范围十分广泛，从普通的衣食住行服务到公园、博物馆，甚至还有教堂。另外，2008 年之后，埃里克打出的 1 星差评非常少，在 4 213 条评论中，1 星差评只有 8 条，占全部评论数的 0.2%。

除了自我表现，埃里克撰写网络评论时也抱有一种功利目的，即通过别人的评论寻找值得一试的新事物。同时，埃里克会与其他评论者互动。如今，埃里克已经不像过去五年那样频繁地参加 Yelp 精英派对了，他和其他许多评论者成为现实生活中的朋友。在我撰写这本书的时候，埃里克已经写过 839 条 5 星好评。但我相信，埃里克的 5 星评论会越给越少，因为他的期待会越来越高，所以商家要想赢得 5 星好评就必须越来越出色。

对照麦夸里总结的三种评论动机，我认为埃里克撰写评论似乎不是单纯为了提高身份地位，精英身份只是他坚持不懈记录自己之后的意外收获，他真正的目的是获得实际利益和社群感。

> **消费者散布商家的负面信息与激动地分享刚发现的一家新餐馆的理由相同：想要让自我感觉更加良好。**

麦夸里在研究了评论者的动机之后还分析了多产评论者和低产评论者的区别。他发现，低产评论者往往希望自己的评论能被评定为“有用”，而像埃里克那样的高产评论者则只是想把自己的观点分享给大众而已。麦夸里还发现，低产评论者更有可能打出 1 星差评和 5 星好评，而高产评论者则比较谨慎，评分落差也较小。

★案例 2 “精英地位让我信心倍增”

罗恩 2008 年从旧金山湾区搬去纽约之后才接触到 Yelp 网。罗恩在纽约找到的第一份工作是为老板餐厅当“水军”。简单浏览了 Yelp 网的使用指南后，罗恩决定先不给自己的店写评论，而是找出评价最棒的餐厅并加以借鉴。渐渐地，Yelp 网成了他熟悉纽约的城市指南。2009 年，罗恩决定从餐厅离职当一名职业评论者。

凭借对食物的热情，罗恩在美国明星主厨马雷欧·巴塔利

(Mario Batali）的连锁美食城 Eataly 找到了工作——为这个 4 700 平方米的美食中心采购食材。

对于罗恩来说，Yelp 网不仅是一个吸引观众的舞台，而且是帮助他了解纽约餐饮市场的专业渠道。罗恩说他现在完全不需要去竞争对手的餐厅实地考察，因为 Yelp 网评论者已经将竞争对手的情况分析得一清二楚。例如，其他意大利餐厅都在供应什么样的海鲜餐点，它们与 Eataly 的异同点在哪里等。通过网络评论，罗恩足不出户就已获得最全面的市场信息和最准确的顾客需求。

另外，罗恩把在 Yelp 网上撰写评论视为提升职业技能的重要途径。对于没有餐饮背景的罗恩来说，Yelp 网上的精英地位也使他信心倍增。

我写这本书的时候，Eataly 美食城已经在 Yelp 网上获得了 1 960 条评论，整体评分 3 星半。我很好奇，罗恩有没有浏览过 Eataly 的这些评论。谜底很快揭开：罗恩认真看过每一条顾客评论。罗恩认为，Eataly 很可能是网络评论的受害者，只因为它太受欢迎。作为纽约的意大利美食圣地，Eataly 餐厅的门口每天都大排长龙，所以并不是所有顾客都有机会在这里用餐，于是原本可以获得 5 星好评的 Eataly 最终获得了 1 星或 2 星差评。

由于供职于公司总部的采购部门，罗恩非常了解 Eataly 的食材成本。网络评论中许多人抱怨 Eataly 太贵，芝士的最高定价甚至达到每磅 58 美元。对此罗恩的解释是，一些食物之所以定价高，是因为它们要支付高昂的关税和运输费用。罗恩说：“评论者对事实的不知情常常导致其盲目差评。"

撰写评论的另一个原因是，罗恩喜欢解答他人的疑问，并且帮助他们避开"雷区"发现美味。罗恩自称是那种在大街上常被问路的人，他非常乐意帮别人找到目的地。然而这不代表罗恩就不会给差评，相反，罗恩的差评往往将商家批驳得一无是处。我想这可能是罗恩前一份工作的后遗症：那份工作经常与差评打交道，所以当服务不那么完美时，他会本能地言辞犀利。显然，罗恩不崇尚中庸、平和之美。

对于什么样的表现才能获得 5 星好评，罗恩回答道："最重要的是服务。如果我走进一家餐厅时，没有一个人招呼我，那这家餐厅就完蛋了。"是的，没有招呼他的餐厅就会收到 1 星差评，不管随后的餐点如何美味。另外，走出餐厅时有没有服务人员送行，是罗恩评价一家餐厅的第二大标准。

★案例 3 "很棒的文笔训练方法"

30 多岁的丽贝卡在华盛顿州税收部门工作。当我问丽贝卡为什么要在 Yelp 网上撰写评论时，她的第一反应是，"这是一种很棒的文笔训练方法"。在进入税收部门工作之前，丽贝卡就读于法学院。毕业之后，她担心如果不坚持练习写作，写作能力会日渐削弱。有一次，丽贝卡在网上找爵士乐的时候发现了 Yelp 网，很快那里便成了她练笔写作的地方。丽贝卡的评论文章往往构思精巧，且有一个特别的标题，她会借由商品抒发个人情感，并将其作为记忆的一部分留存心底。例如，她将给花园韩国料理店(Garden Korean Cuisine）的评论起名为“外婆”，以下是其中一小段：

> 我的外婆是位技艺精湛的厨师，她引导我如何与食物沟通。除了教我做出各种美味，外婆还告诉我，烹饪美食的第一步就是好好“照顾”你的食材。如今，亲爱的外婆已经永远离开了我们。我和母亲曾经试着做出“外婆的味道”，但总感觉少了点什么。我们的菜看上去和外婆做得很像，可是味道就是不太一样。但是，我在花园韩国料理店吃到的炖比目鱼正是“外婆的味道”！真的是一模一样！当时我差点儿哭出来，因为我完全没想到会再一次吃到那样的味道，但它就在那里，藏身于联邦路汉亚龙超市对面的一家零售商场里。
>
> 这间餐厅真是给了我一个特大惊喜。通常我不会去那边吃饭，这次要感谢我的父母，是他们让我遇到了这家餐厅。我还点了饺子，吃起来就像外婆亲手做的。现在每当想起我的外婆，我都会重新读一读这篇评论。

和埃里克一样，丽贝卡撰写评论也是出于自己的目的——留存一份网络日记。由于丽贝卡把Yelp网当做储存她记忆的地方，她对网络评论投入了更多感情。随着交谈的深入，我发现丽贝卡撰写评论还有其他用意。丽贝卡非常珍视她和其他评论者之间的关系。丽贝卡认为，在 Yelp 网这样一个庞大的网络社区里，她一定能找到和自己品位相同、喜好一致的人。在 Yelp 网上，丽贝卡有一群信任的评论者，她相信这些人喜欢的餐厅她也会喜欢。丽贝卡逐渐和其他评论者建立起了友谊，但她并没有停止寻找下一位好朋友的脚步，所以她愿意一直写下去。

Yelp 网使丽贝卡融入了一个特殊的群体。她说，在 Yelp 网分享自己的经历具有非凡意义。通过撰写评论，丽贝卡结识了一些美食家朋友，他们会一起尝试新餐厅、新菜式，发现新美味。她曾在新朋友汉娜和雪莉的游说下专门跑到西雅图尝试一家叫 Mamnoon 的黎巴嫩餐厅，在那里，丽贝卡爱上了甜菜沙司，要知道她之前从来不吃甜菜。这次“冒险”使丽贝卡和汉娜、雪莉之间的关系更密切了。

丽贝卡撰写网络评论的另一个原因是，她想凭借自己的力量来帮助她喜欢的商家。丽贝卡是一家叫 Linwood 的韩国餐厅的第一位评论者，她认为这家餐厅无可挑剔的服务值得被更多人喜欢。事实上，在 Yelp 网上，愿意像丽贝卡这样写下第一条评论的人非常少，大家更倾向于锦上添花或者火上浇油，而不喜欢雪中送炭。丽贝卡不仅是 Linwood 餐厅的第一个评论者，她还持续关注着这家餐厅的其他评论，并将其推荐给很多朋友。她希望这家餐厅能够获得赞扬并一直发展下去。

当我问丽贝卡“商家要如何利用网络评论推动自己的生意”时，丽贝卡没有立刻给出答案。几周之后我收到了她的邮件，她告诉

我商家可以做的最棒的事情其实也是最简单的事情，那就是仔细阅读顾客评论，然后对症下药，不断改进自己，让顾客拥有更加难忘的消费体验。因为人们会写 5 星好评或 1 星差评是因为他们确实获得了特别的体验，特别到很需要把这种体验记录下来。

★案例 4 “引导别人做正确的选择”

居住在纽约州锡拉丘兹的迈克尔已经攀上了网络评论金字塔的最顶端。虽然亚马逊没有公布过网络评论者的排名，但有些评论者已经留意到自己的排名到了 1 700 万位。在数以千万计的评论者中，迈克尔超越了所有人，成为亚马逊排名第一的顶级评论家。

迈克尔能在评论之路上取得重大突破，要归功于亚马逊的“最值得信赖评论者”项目。2007 年，亚马逊精心挑选了一批评论者为即将上市的商品撰写评论。项目组每月都会给评论者寄送 2 ~ 4 件免费商品，作为回报，评论者要在 30 天内发布商品评论。

最初，迈克尔每个月会试用全部 4 件商品并撰写评论，在接下来的三年，他每月收到的商品逐渐增多，撰写的评论也越来越多。丰富的评论经验为迈克尔换来了更多商品，很快，多功能激光打印机、数码相机和其他商品的厂商纷纷邀请迈克尔试用。迈克尔说他曾经收到过一台价值 1 000 多美元的动感单车。

事实上，迈克尔最开始在亚马逊网站写评论的时候，名次排在好几万位，但偶然之下他留意到自己的排名在上升，当他达到第 2 000 位的时候，他开始觉察到这件事的微妙之处。当迈克尔成为百佳评论者后，他开始发布视频评论，这让他一下就冲进了前50强。成为亚马逊前50强评论者后，迈克尔公开了自己的邮件地址，从那以后他每天都会收到各式各样的商品评论邀请函。

“一次很棒的购物体验”或是“很好的卖家”这样的评论分别能让定价提高5.86美元和5.76美元，而“一直没收到货”或是“产品有瑕疵”则会分别使定价降低7.56美元和6.82美元。

迈克尔的第一条评论是什么？在他的竞争天性尚未苏醒之前，他写下第一条评论的动力是什么？迈克尔的第一条评论写于2000年3月19日，评论对象是一本股票投资图书。迈克尔之所以会购买这本书，是因为其评论非常动人，然而读完之后，他发现评论言过其实，于是他想要澄清事实或者说警告后来者。这也是迈克尔沿用至今的评论原则。迈克尔解释说：“好评的推荐作用自不必说，但即便写差评的时候，我也是在引导别人做正确的选择。”

迈克尔的评论分为文字评论和视频评论，而完成一条评论，快则50分钟，慢则一整天，这要视商品的复杂程度而定。而且，这还不包括试用商品的时间，有些商品比如中药补品等，体验并完成评论可能需要几个星期。

制作视频评论时，马克尔会先写一个脚本，然后根据脚本录制内容，之后再进行剪辑，最后才发布到点评网站上。自由职业者的马克尔比那些朝九晚五的白领拥有更加灵活的时间，所以有时候他会为了多写几条评论而忙碌到深夜。

与迈克尔交谈后发现，撰写评论已经成为他日常生活的主要内容。他一直在寻找通过网络评论赚钱的途径。迈克尔甚至想把他在 YouTube 上的评论“兑现”，但我并不觉得赚钱是迈克尔撰写评论的主要动力。

很显然，随着迈克尔成为顶级评论者，他撰写的评论会对商品的销量产生很大影响。实际案例就是，有一次，一户商家要求迈克尔更改他的 2 星评论，他们称这条评论大大影响了商品的销量。根据麦夸里的理论，迈克尔应该是一位“自成目的”的评论者，撰写评论为迈克尔带来了快乐，满足了他的竞争欲望。

迈克尔回忆说，当时发现自己已经从几千万亚马逊评论者中脱颖而出，成为最顶尖的十佳评论者时，他的幸福感溢于言表。另外他告诉我，亚马逊的十佳评论者都互相认识且互相关注较劲。到 2013 年末，迈克尔终于登上了他梦寐以求的亚马逊首席评论家的宝座。

我问迈克尔他是否知道亚马逊对评论者的评级标准时，他回答说：“尽管有很多人猜测过，但没有人真正知道具体的标准是什么。我想它应该包含几个层面，例如，评论者撰写的评论数量，其他评论者对他的评论的评价等。”迈克尔暗示说某些评论者会为了晋级走“捷径”，比如给其他人的评论标为“没有用”等。

人们撰写评论的动机可能比麦夸里所说的那三条更加复杂。据我的调查，评论者撰写评论的最普遍动机是社群感。Yelp 网评论者之间的社群感比猫途鹰和亚马逊评论者之间的社群感更强，原因可能是 Yelp 网还具有社交功能。第二普遍的动机是帮助他人的愿望。很少有评论者会承认自己撰写评论是想成为顶级评论者或精英评论者。

在采访评论者的过程中我发现，大部分精英评论者撰写评论只是出于善良、仁慈的助人之心或单纯的表现欲，向商家索要报酬的评论者也有，但数量有限。

评论者的四种类型

基于大量的学术研究和定性研究，我将网络评论者分为四种类型。

社群型评论者

社群型评论者是精英评论者群体里最有影响力的一类。我们通常会误以为精英评论者的目的是获得更高的评论等级和地位，但实际并非如此。另外，大部分高产评论者都可以归入这个类型。

动机分析：社群型评论者之所以愿意积极反馈，是为了更多地参与点评网站的群体活动，他们撰写评论的原因与社交网络用户每天泡在 Facebook、Google+、Twitter 上的原因相仿。社群型评论者更倾向于和同等级评论者及追随者建立强大的个人关系。相比亚马逊、猫途鹰，Yelp 网和 Google+ 更具本地特性，所以它们的用户建立个人关系的概率更大。

为商家建言：社群型评论者是商家最重要的目标客户，因为相较其他人，他们最有可能成为精英评论者，影响力也更大更广泛。我建议商家学习 Yelp 网的做法——为这一类评论者举办专属活动。鉴于他们强大的影响力，这样的活动显然有助于市场开发。

仁慈型评论者

仁慈型评论者在网络评论界广受好评。这类评论者明白好评的威力，他们愿意帮助好好招待他们的商家或和他们有交情的商家。相比评论的准确性，仁慈型评论者通常更看重他们与商家的关系，换句话说，如果他们喜欢某家店的老板，那么即使商品或服务不怎么样，他们也会毫不吝惜地奉献出好评。

动机分析：仁慈型评论者把撰写网络评论看做对热心商家的回报。其实，早在网络评论出现以前，仁慈型评论者就已经在现实生活中向身边的人推荐他们喜欢的商品和服务了。

为商家建言：仁慈型评论者的评论数量通常不会很多，因为像 Yelp 网这样比较严谨的点评网站很可能将他们充满溢美之词的评论给过滤掉。另外，直接要求仁慈型评论者为自己撰写好评可不是个好主意，他们很有可能因此被冒犯。当然，贸然邀请任何一种类型的评论者撰写评论都有碰钉子的危险。顺便提一下，鉴于仁慈型评论者的热心肠，其实你只要在猫途鹰、Yelp 网或 Angie's List 网站上开个页面就已经有助于推动生意的发展了。

地位追求型评论者

地位追求型评论者的竞争欲望非常强烈，他们撰写评论的首要目的就是提高自己的虚拟地位。成为 Yelp 网精英评论者并不是竞争的终结，接下来他们会比较谁的评论数更多，谁获得的“有用”次数更多，或者谁的“粉丝”更多。

动机分析：此类评论者追求高等级的目的可能各不相同，有的是想参加精英评论者的专属活动，有的是在享受竞争的快感。如果一位地位追求型评论者向商家亮明身份，他的用意无非有两种，一是想获得一些特殊招待，二是想要挟对方以换得免费的商品和服务。但我不是说所有的地位追求型评论者都有道德问题，只是他们中某些人更加渴望竞争的刺激感罢了。另外，地位追求型评论者比较不稳定，他们很可能转变为其他类型的评论者。

为商家建言：为赢得更多人的“有用”标签，地位追求型评论者和社群型评论者都有可能撰写出公正的评论。因此，地位追求型评论者的评论往往幽默生动，甚至会添加图片和视频。

1 星“刺客”

1 星“刺客”最难应付，且异常扎眼。通常来说，1 星“刺客”的存在就是为了给出 1 星或 2 星差评，想要获得他们的 5 星好评简直难于上青天。有意思的是，对这种类型的评论者而言，3 星和 4 星的中评几乎没有意义。

动机分析：显而易见，1 星“刺客”没有在为社群感烦恼，他们不想团结任何人，不想让其他人开心，评论地位对他们来说也是浮云。他们简单地把点评网站看作释放自己内心不满的平台而已。

为商家建言：据有经验的商家分析，通常 1 星“刺客”给出差评前不会有明显征兆，你随时都有可能得罪他们。在他们面前，你能做的就是聆听他们的抱怨，如果他们提出非正当要求，那就慷慨地满足他们吧。

EVERYONE'S A CRITIC

第5章

差评可能就是下一个“风口”

假如你去一家餐厅吃饭时发现他们的桌子像跷跷板、服务员像屏保、主管丧着晚娘脸、食物难吃到爆，一份冷冻鱼就卖23美元，你会不会再次“找抽”光顾？嗯，是的，我想你不会，但事实上，这家混账餐厅每天都人满为患甚至大排长龙。

第5章

差评可能就是下一个“风口”

How Reviews, Even Bad Ones, Are Good for You

詹姆斯·比尔德美食奖得主克雷格·斯托尔（Craig Stoll）是德尔菲娜比萨餐厅（Pizzeria Delfina）的店主，近来他决定向Yelp网宣战。

一年到头无论什么时候，德尔菲娜比萨餐厅总是门庭若市，生意兴隆，来这里用餐的客人通常要等一个多小时才能排到座位，而且它从不接受预约。餐厅入口处有一块1.8米长的黑板，客人抵达后需用粉笔依次写下姓名，以示排队。在用餐高峰期，黑板上常常写满候餐客人的名字，而队伍通常会排到餐厅外面。

写作本书时，德尔菲娜比萨餐厅在美国内布拉斯加州菲尔莫尔县的分店共收到974条评论，在米逊维耶荷市的分店收到1 749条评论。

大部分来过德尔菲娜比萨餐厅的顾客都会给出4星甚至5星的好评，但这并不能阻止少数顾客保持与主流不一致的意见，他们对餐厅的评价只有1星。克雷格没有责怪闹情绪的顾客，也没有在 Yelp 网上公开回应，而是将那些言辞最激烈的评论用白色字体印在了黑色 T 恤上。

于是，每个穿梭往来服务客人的服务员身上都穿着这样的定制 T 恤：T 恤胸前赫然写着“比萨太油腻，估计是用了腻死人的猪油”或者“这家餐厅糟透了”。

黑 T 恤事件之后，克雷格再没浏览过 Yelp 网上的评论。过去他常为差评火冒三丈，如今他学乖了，把监测网络评论的工作交给了餐厅合伙人，也就是他的妻子。克雷格对餐厅自我辩护机会的缺失感到十分无力，因为网络评论是否属实根本无从查证，而如果是匿名评论，餐厅会连冷箭来自谁都不知道。作为企业主，克雷格只能通过为员工定制黑 T 恤的方式来发泄心中的不满。

在接受美国国家公共电台（NPR）采访时，克雷格大方地承认，部分完善餐厅服务的灵感的确来自 Yelp 网上的评论。例如，有顾客在 Yelp 网上抱怨餐厅意大利粉的分量不够，虽然克雷格的本意是将意大利粉设为前菜，因此刻意控制了分量，但他还是虚心改进了。负面评论帮助他意识到自己误解了食客的需求，于是德尔菲娜比萨餐厅现在供应的意大利粉分为开胃菜和主食两种。

让评论者成为自己的线人

如今，企业对竞争对手的经营模式和营销手法的关注度越来越高，商业间谍逐步成长为一个价值数百万美元的行业。经营一家企业却不了解市场现状，甚至没有掌握竞争对手的动态，无异于戴着眼罩驾驶飞机。

只关注现金流、销售额、意见簿、网络评论等内部信息的企业主，就相当于戴着雾化了的护目镜冲进厚厚云层的飞机师。虽然受过专业训练的飞机师确实可以借助仪表操控飞机，但企业没有必要以身犯险。因为一旦出现重大失误，就可能万劫不复。

在当今时代，互联网为商家提供了大量信息，只需敲击几下键盘，不掏一个子儿也能获取竞争对手的商业信息。而你付出的唯一代价就是时间。是时候研究你的竞争对手了，而且做这项工作的时候，你也可以更好地了解市场环境。

研究竞争对手与研究企业内部数据的方法一致。**第一步，挑选竞争对手**。既然要发展壮大企业，那么企业主首先应该关注的就是行业内的顶尖企业。如果你是商店老板，则可以找地理位置更好的或隔壁城镇生意兴隆的店铺为参照物。选择的过程中，可以把注意力的辐射范围扩大到 10 公里、15 公里甚至 20 公里。竞争对手最好列出 5 个以上，如果他们比你更成功效果会更好。

选定竞争对手后，先去看看它们的网络评论。为提高网络评论的真实性，你可以多查看几个点评网站，比如 Yelp 网以及你们行业的专门网站。浏览第一遍时，你只需关注他们在过去一年里获得的评论数量与大致状况即可。

分析竞争对手的过程实际上是你反省和修正经营之道的关键时刻。在这个过程中，你不仅可以找到抢占市场份额的竞争者，也可以洞察市场变化的方式，并制订应对计划。同时，你必须牢记自己的目标，以及实现目标的方法。

在阅读竞争对手的评论时，注意思考一下是否有些地方也是自身欠缺的。假如你是一家玩具制造商，在浏览那些毛绒玩具的评论时，你可能会发现原本以为是自己独家的商品，其实早已被抢占了先机。另外，你也可能发现市场空白，开拓利润蓝海。

市场研究公司 iPerceptions 的调查，63% 的消费者更倾向于在有顾客评论的网站上购物。

除了相互对比，阅读网络评论还有一个目的是掌握评论的总体趋势。你所处的行业获得的差评多还是好评多？消费者评论偏积极还是较消极？第一遍浏览网络评论的时候，问自己几个问题：我们和竞争对手的差异点是什么？我们是否拥有独一无二的优势？是否存在某个因素，使得消费者会选择我而不是竞争对手？

通过浏览竞争对手的网站、营销信息和评论页面，你能找出他们的经营理念和愿景吗？了解竞争对手的基本状况和他们获得评论的总趋势之后，我们就可以进行更加深入的研究了。

接下来是问答时间。消费者为什么要选择你而不是竞争对手？如果你回答不出这个问题，我建议你回顾一下当年开店做生意时的初衷。你的竞争对手是朝着自己的愿景前进吗？他们收到的评论与发布的营销信息相符吗？你的经营策略符合消费者的期待吗？市场已经饱和还是有待深挖？

在分析竞争对手时，也要留意寻找不饱和的市场。是否有商家的网络评分与他们实际受欢迎以及盈利状况之间有偏差？假如你观察到某家餐厅差评无数却顾客盈门，恭喜你，你找到一片不饱和的市场了。想要打败这样的竞争对手，只需要在你的营销信息中强调竞争者缺失的特质即可。如果让我开一家有机咖啡馆，我一定会强调我们除了提供美味的咖啡，还提供友好、高效的服务，这条信息便是我从其他咖啡馆评论中发现的卖点。根据竞争对手的缺点调整自己的营销方案，能够让我们像激光一样准确聚焦、有效改善业务。

最后，思考一下竞争对手的哪些特质为他们赢得了赞赏。评论中有提到他们的成功秘诀吗？尽管我不建议照搬竞争对手的明星产品或服务，但以他们的5星好评为标准，衍生出自己的特色卖点，未尝不是获得成功的好方法。

差评是一面镜子

美国哲学家乔治·桑塔耶拿说过：“记不住过去的人，注定要重蹈覆辙。”这句话特别适用于网络评论竞争分析。在分析生意蒸蒸日上的竞争对手的同时，你也应该将一部分注意力放在自己之前的失败尝试上。

"新鲜选择"（Fresh Choice）是一家总部位于加利福尼亚州的自助沙拉连锁餐厅，鼎盛时期的它曾在加利福尼亚州、得克萨斯州和华盛顿州共开有58家分店。我还记得第一次去新鲜选择餐厅吃饭是在1993年，那时我刚搬到北加州。那家店藏身在斯坦福购物中心的后面，店里挤满了20多岁的年轻人。

那家餐馆给我的第一印象正是我对加利福尼亚的感觉——生机勃勃、健康而丰富。然而，在随后的几年里，新鲜选择餐厅逐渐衰落，对年轻顾客的吸引力越来越弱，原本朝气蓬勃的气质也慢慢消失了。

事后诸葛亮地说，新鲜选择餐厅的失败是可以预见的。具体的征兆我们将在第7章中讨论，现在先让我们将注意力集中在餐厅已经失败的事实上。

新鲜选择餐厅的每家连锁店内都有展示着它们的经营价值观：

- 顾客需求是第一位；
- 供应的食物必须新鲜可口；
- 提供清洁舒适的环境；
- 雇用最优秀员工，并为他们提供良好的待遇。

接下来是加利福尼亚州圣马特奥市的顾客对新鲜选择餐厅的网络评论。圣马特奥市的新鲜选择餐厅在倒闭时，在Yelp网上共获得了87条评论，整体评分2星半。

Yelp 网精英评论者 C.F. 在 1 星评论里写道：

“三种特选沙拉里可能有两种都是普通的长叶莴苣”，连这点“基本常识”都没有的我竟敢去新鲜选择餐厅吃饭，真是胆大包天了！他们不仅有很多沙拉是重复的，而且所有的标牌都搞错了。当你到收银台投诉的时候，工作人员会耸耸肩告诉你：“是的，我们很久之前就这样做了。”

评论者 A.H. 说：

没有鸡蛋，没有比萨，没有松饼，没有土豆，没有中国面条，空托盘也很少！！西瓜周围倒是有一些果蝇在嗡嗡地飞。我本想找餐厅经理要个说法，结果等了半小时不见有人搭理我。

以前的新鲜选择确实很棒，但今非昔比了，而且我们都知道为什么会这样……反正我再也不会去那里吃饭了。

帕特里克 ·G. 的评论也颇具研究价值：

选择来这儿吃饭真是个糟糕的决定。没有芝士，没有天然黄油。其实我们原本也没对自助餐厅抱多大希望，但这里的食物还是差劲得出人意料。我会给这家餐厅打 1 星，但不得不承认这里其实挺适合带小孩子来（2 岁及以下的小孩用餐免费，3 ~ 5 岁的小孩每位 1.99 美元），毕竟小孩子压根不在乎食物好不好吃。

从以上差评中，我们似乎可以推测新鲜选择连锁餐厅并没有兑现自己的价值观。新鲜选择餐厅的前总裁大卫·鲍伊德（David Boyd）曾公开表示："原本那些常来的 20 多岁的谷歌员工都不再来了。"前不久，鲍伊德回归新鲜选择餐厅，决定将其重新打造成为"加利福尼亚新鲜餐厅"。想要东山再起的鲍伊德切中了要点。在过去的 15 年间，年轻人的餐饮习惯发生了重大变化，在他们眼中，新鲜选择餐厅逐渐失去了魅力，于是更年长、更懂得精打细算的人群成了低成本自助餐厅的主要顾客。

流失核心顾客的新鲜选择餐厅为了盈利，只好降低食物品质和员工要求，于是抛弃了价值观中的第 2 条和第 4 条。没有高素质的人才与高品质的食材，将消费者需求放在第一位的愿景又从何谈起呢？整洁的就餐环境又有谁能保证呢？

新鲜选择餐厅可以通过搜集竞争情报改变命运吗？你会向想要重建加利福尼亚新鲜餐厅的鲍伊德提出什么样的改善建议？

根据本章内容，我会建议鲍伊德构想一个新概念，然后重新确立公司的愿景和价值观。接着，找出自己的竞争对手。最后，与其盲目发展，不如打开点评网站看看竞争对手都收到了哪些评论，找出顾客喜爱的菜式以及不喜欢的服务。

捕捉蛛丝马迹，找准利基市场

2009 年，詹姆斯・佩奥（James Peo）和妻子雅德・佩奥（Jade Peo）在旧金山创办了 Veo 眼镜店，并成功发展出 5 家分店。Veo 眼镜店日日生意兴隆，当地消防局甚至专门为他们安排了一名治安管理员以确保店内人数不会超标。

我拜访的是詹姆斯位于旧金山湾区的新店。走进这家堪称完美的商店后，我见到了詹姆斯，他穿着运动上衣和背心，帅气又时髦。在 Veo 公司网站上，詹姆斯除了是眼镜店的创始人，还有一个头衔是“名人造型师”。

> **有顾客评论的网站，其客户转换率和购买率将提高 3% ~ 4.6%，具体提高的幅度取决于评论数量和质量。**

我们首先谈论了 Veo 眼镜店是如何从旧金山湾区的众多眼镜商店中脱颖而出的。詹姆斯没有马上回答我的问题，而是开始讲述加利福尼亚眼镜商店的历史，以及验光师和眼科医师与眼镜商之间的不平等竞争。

以前，在加利福尼亚，验光师和眼科医师有销售眼镜的权利，但是已经开了眼镜店的眼镜商则不能雇用验光师或眼科医师来提升服务。不平等的市场地位阻碍了自由竞争，并进一步影响了眼镜行业的服务质量。詹姆斯把加利福尼亚的眼镜市场与市场环境相对公平的纽约进行了比较。“纽约拥有最棒的眼镜店，其中许多都是雇用了验光师和眼科医师的眼镜商开的。”在纽约，因为竞争非常激烈，眼镜店不得不努力改善服务和商品质量。

詹姆斯之所以会创办 Veo 眼镜店，就是因为他看准了加利福尼亚州的眼镜市场的缺口。当时，加利福尼亚的大部分眼镜店都开在眼科医师的办公室里，配眼镜只是眼科医师的一项副业。另外，眼镜的种类和配镜设施也乏善可陈。

通过调查点评网站，詹姆斯意识到如果他要开一家没有验光师和眼科医师的眼镜店，他就必须有鲜明的特色，以弥补顾客需要另外拜访眼科医师的不便。

合法但不公平的竞争依然在继续。詹姆斯坚信自己能够用一流的服务打败眼科医师。他找到的利基市场是提供更多高端眼镜，并聘请设计师根据顾客的脸型订制合适的镜框。在公司网站上，詹姆斯上传了消费者佩戴订制眼镜的前后对比图，并摘录了 Yelp 网上顾客对各分店的评论。

Veo 眼镜店的成功离不开点评网站的推动。通过浏览本地其他眼镜店的网络评论，詹姆斯证实了他的猜想，即加利福尼亚的眼镜市场中存在没有被满足的需求，而为顾客提供更一流的服务正是市场缺口之一。詹姆斯说，现在他依然会每天阅读竞争对手的网络评论，“那是我超越所有竞争对手的所有线索”。

通过网络评论，詹姆斯进一步强化了“Veo 是一家配备了专业设计师的高端眼镜供应商”的营销理念。据詹姆斯说，2009 年他创办第一家 Veo 眼镜店时，Yelp 网就帮了他大忙。几乎是甫一开张，Veo 眼镜店就收到了 209 条 5 星好评。詹姆斯坦言，网络评论会对商店的收益产生很大影响。有不少新顾客就是通过 Yelp 网找到 Veo 眼镜店的。另外，尽管恶意差评会被过滤掉，但它仍然会拉低商店的总评分，进而影响收益。

> **网络评论开辟了第一条不受资金限制的吸引顾客的渠道，换句话说，能不能赢得顾客很大程度上由产品和服务的质量决定。**

詹姆斯对 Yelp 网的关注也令他发现了一流服务的重要性。他说，他会训练自己的店员“比自己承诺的做得更好”，并且向他们解释不断超越顾客期望的重要性。例如，如果顾客期望能在一周之内收到眼镜，那么他的店员就应该把准备眼镜所需的时间说得更久一些，这样就可以给顾客送去意外的惊喜和满足。詹姆斯也强调，一流服务不仅限于对店里的顾客，任何走进眼镜店的人都应该得到特别的款待。

“即便走进店里的人只是来问路而已，我们的店员也会走出柜台为他详细说明。或者如果来人是想换零钱付停车费，我们也会热情地为他服务。”詹姆斯说。他正在强化店员一个观念，即每天都要为走进店里的所有人提供优质的顾客服务。

除了再次证实网络评论有助于提高收益，Veo 眼镜店还为我们彰显了分析竞争情报的强大作用。分析竞争情报不是静态的练习。浏览网络评论、将自己与对手做对比时，你很快就会意识到，你和竞争对手收到的评论数量、反馈、趋势等都是动态的。詹姆斯的成功也证实了，企业以网络评论为线索确实能够更快找到利润蓝海。除了努力提高自己的好评率，你也可以向詹姆斯学习，通过研究竞争对手的评论来改进自己。

现在，让我们进行下一项练习。像詹姆斯一样，我们需要调查我们的竞争对手，了解市场饱和度。如果你身处服务行业，你们是否有哪一种客户服务的总体质量偏低？如果你经营的是电子产品，是否有某种产品的需求市场还未满足？

首先请一一列出你所在地区所有强大的竞争对手，然后依次记录其差评和好评。阅读网络评论的时候，请留意对方顾客的夸奖和你的愿景之间的共同之处。当竞争对手收到好评时，你可以问问自己：我的愿景是不是足够独一无二，它能不能确保我的产品在竞争中胜出？浏览差评时，记得将竞争对手 1 星和 2 星差评中的共同内容记录下来。

收集完竞争对手的差评之后，你是否发现一些未被满足的市场需求？如果有，那么你是否有能力填补这些空白？在填补市场空白的时候，你是否能够依然坚持自己的愿景、目标和经营理念？如果你的回答都是肯定的，我相信你已经找到了击败竞争对手的要诀。

第 5 章

差评可能就是下一个“风口”

How Reviews, Even Bad Ones, Are Good for You

餐饮业里的刚性需求

我家附近有一家叫伯林盖姆（Burlingame）的餐厅，每天午餐和晚餐时段都人头攒动、熙熙攘攘。你可能会想，既然生意这么好，那它一定收到了很多 5 星好评。但事实上，自从 2013 年开业以来，伯林盖姆餐厅在 Yelp 网上只收到过 53 条评论，整体评分 2 星半。尽管这家餐厅的评分可能是周边地区最低的，但这不能改变每天都有人愿意等位的事实。

在解释低评分和生意兴隆间不匹配的关系之前，我们先谈谈需求弹性（Elasticity of Demand）这个概念。超市里有某些东西，即使价格高于同类商品，消费者也会愿意选择它们，之所以这样是因为这类商品在消费者的需求弹性之内。

与弹性需求相对的是刚性需求。如果某人因心脏病发作被送去急诊室，这个时候他大概不会因为救助费用太高而放弃治疗，因为对他来说挽救生命就是刚性需求。同样的，在一座所有餐厅都只供应垃圾食品的城市中，如果只有一家餐厅提供有机食品，那么即便它有种种缺点，消费者也会选择容忍，甚至对部分消费者来说，它满足了自己的刚性需求。

网络评论的最大作用之一，就是给不熟悉商家的消费者提供了大量信息。这些信息打开了消费者与新商家之间的沟通渠道。分析研究 Yelp 网评分与餐厅收益的关系之后，哈佛商学院助理教授迈克尔·卢卡发现，**Yelp 网上的评分每增加 1 星，独立餐厅的**

收入就能提高 5% ~ 9% 。而随着消费者对网络评论的依赖性加强，商家获得的评分将成为左右消费决策的重要因素。卢卡还发现，Yelp 网评分对全国性品牌餐厅收益的影响并不明显。卢卡对此的解释是："因为消费者已经基本了解了连锁餐厅的品质，他们不会那么在意顾客评论。"

然而，麦当劳、意大利连锁餐厅橄榄花园（Olive Garden）或芝士蛋糕工厂（Cheesecake Factory）所具有的品牌优势正在逐渐减弱。尽管网络评论没有对连锁餐厅的收益造成重大影响，但它依然影响着全国性品牌餐厅与当地餐厅的结构变化。

通过对比全国性品牌餐厅在点评网站出现之前与之后的受欢迎程度，卢卡发现其收益存在略微浮动：连锁餐厅的部分市场落入了独立餐厅手中。但是，伯林盖姆餐厅只在旧金山湾区有少量分店，还算不上全国连锁餐厅，所以它的低评分与高收益的反差和品牌优势无关，真正起作用的是更关键的因素。

为什么网络评分只有 2 星半的餐厅会有顾客盈门？看一看伯林盖姆餐厅的评论，你很快就会发现差评都是糟糕的食物和服务引起的。以下是 Yelp 网评论者 N.A. 的留言：

> 这是几年来最糟糕的用餐经历了。我真的非常想打零分。我们遇到一个很烦人的"屏保型"服务员，他每隔一会儿就跑过来献殷勤。在整个吃饭过程中，他总共问了我们三十多次"都没有问题吧？"但当我们真的想反映问题

的时候，他却假装听不见。店里散发出一种紧张的气氛，你甚至可以看到服务员的局促不安。

那个服务员也没有告诉我们当天的特别推荐，所以我们错过了一些主菜（不过从后面的经历来看，这可能是件好事）。我们那张桌子就像个巨大的跷跷板，我稍微碰一下它，对面我朋友的杯子就会滑过来。

在我们向服务员反映这个问题时，他答复说那张桌子从很早之前就是这样的了。直到我们吃完饭要走了也没个人过来给我们个说法。

我曾经去过伯林盖姆餐厅，所以非常能理解 N.A. 以及其他 1 星或 2 星差评的怒火。评论者 G.F.G. 写道：

我们点了两份无谷蛋白比萨，一份甜菜沙拉，还有两份椰子比目鱼。比萨很干，其他餐点都没什么特别。沙拉味道不错。两份椰子比目鱼煮得太久，实在太难吃，所以我们要求他们重做了。重新端上来的比目鱼没有问题，但你一吃就知道他们用的是冷冻鱼。一份冷冻鱼要卖 23 美元，真是太夸张了。

尽管差评无数，但必须承认，伯林盖姆餐厅与这条街上的其他餐厅有一个明显的不同点。对餐厅附近社区进行的调查证实了我的直觉——这家餐厅满足了一种刚性需求。伯林盖姆餐厅会根据当地顾客的特别需要为他们制作食物，它是数公里内唯一一家会这么做的餐厅。伯林盖姆餐厅给自己的定位是“有机餐厅”，提供的是有机食品，比如自由放养的家禽、环保海鲜、新鲜蔬菜等。他们的菜单上甚至提供最新的节食“净化餐”，餐点主要是利于人体排毒的流质果蔬汁。

益博睿公司根据地区把美国消费者分成了73种不同的类型。这项研究显示，伯林盖姆餐厅所在区域的消费者属于A01类别：美国最富裕的特权阶层，家庭年收入超过25万美元。相较于其他消费者，A01群体更热衷于健身（概率是普通美国人的近3倍），更愿意选择健康食品，购买有机食品的概率也更高。

扩大需求弹性不单单可以依靠品牌的力量，也可以通过打开需求缺口加以创造。所以进行市场调查，发现市场空白就变得至关重要。是否有类似伯林盖姆餐厅那样生意很成功，但评分很低的矛盾情况？

发现这样的案例之后，你就要思考一下其中的原因，他们做了什么特别的事情？他们怎么把自己与竞争对手区别开的？如果你能发现他们的窍门，而且认可他们的做法，那么你也可以通过类似的做法来完善自己的产品和服务。

我相信，在可以预见的未来里，伯林盖姆餐厅依然会顾客盈门，但随着时间的推移，健康食品市场逐渐饱和，他们可能就必须进一步提高食物和服务的品质以保住已有的垄断地位。

第5章
差评可能就是下一个“风口”
How Reviews, Even Bad Ones, Are Good for You

没有差评的商家不足以谈信任

对格洛丽亚的理发店来说，差评会产生负面影响；对伯林盖姆餐厅来说，差评其实无关痛痒；而对另一些商家来说，差评为他们带来了可观收益。

事实表明，在餐饮界，网络评论和收益之间存在正相关关系。另外也有研究者证明，有些负面评论甚至有助于推动销售。

购物评论网站Reevoo进行的一项研究表明，消费者会积极地寻找差评。研究称，Reevoo网站上最受欢迎的是差评，其浏览量超过最新评论和“与我类似的消费者”的评论。

研究也发现，**消费者浏览差评的时间是浏览普通评论的4倍，而且浏览差评的消费者的购物量是平均购物量的1.67倍**。另外，当消费者浏览完某件商品的所有评论时，68%的人会选择相信差评。而如果某件商品没有一条差评时，95%的消费者会怀疑评论的真实性。

纽约大学的研究也表明，影响产品在线交易数量的并不是评分。纽约大学教授帕纳约蒂斯·伊普瑞奥提斯（Panagiotis Ipeirotis）对好评与差评对亚马逊卖家产生的影响进行了研究。他很好奇为什么消费者会选择商家“威洛比的店”的佳能相机而不是“17街照片”家的，要知道前者的价格是1 999美元，而后者只开价1 850美元。

伊普瑞奥提斯的数据显示，某些负面评价有利于消费者点下确认购买键。他对那款佳能相机在亚马逊上的数千条交易记录进行了分析，结果发现信誉更高的网店往往为商品定更高的价。这相当于量化了良好信誉的价值。在分析经销商收到的评论时，伊普瑞奥提斯发现好评中的有些内容能够提高卖家信誉，但也有一些内容会产生消极影响。例如，“一次很棒的购物体验”或是“很好的卖家”这样的评论分别能让定价提高 5.86 美元和 5.76 美元，而“一直没收到货”或是“产品有瑕疵”则会分别使定价降低 7.56 美元和 6.82 美元。

除了对自己的事业满怀热情，并对市场公开透明，很多评论者以及获得高评分的商家反复提到的一点是：做一些超出消费者预期的事情。

然后伊普瑞奥提斯的研究出现了一个有趣的转折：有些好评会导致定价下调。例如“最棒的相机”会让产品降价 0.2%，而“SD 卡播放功能有问题”竟然有助于相机销量的提升。负面评论为什么能提高商品的价值呢？

伊普瑞奥提斯对此的解释是，**模糊的好评会让消费者认为产品好像没有什么特别的优点，而具体的差评则显得诚实可信。**如果差评不涉及原则性的问题，消费者往往会默认为产品其他地方都很完美，所以成交率就提高了。

明星主厨克雷格·斯托尔（Craig Stoll）对差评深恶痛绝，但实际上差评并不如他想象的那么一无是处，比如差评其实有助于提高评论页面的信誉度。但也不是所有负面评论都会起到同样的效果。运用的词汇、语法和拼写方式都可能产生很大的影响。仔细研究了猫途鹰评论中的语法和拼写错误之后，伊普瑞奥提斯发现，如果好评中出现语法错误，将会导致旅馆的网络预订率下降，而如果类似错误出现在差评中，反而会提升旅馆的预订率。综上所述，我们可以得出这样的结论：**假如差评涉及的是无关紧要的小问题，那它就有助于产品销量的提升。**

伊普瑞奥提斯发表了他的研究发现后，全球最大 B2C 网络鞋店美捷步（Zappos）通过亚马逊的土耳其机器人雇用了一些编辑人员，负责纠正评论者的语法和拼写错误，结果网站的总收益在短期内得到了很大提升。

宾夕法尼亚大学教授乔纳·伯格（Jonah Berger）和斯坦福大学教授阿兰·索伦森(Alan Sorensen)进行了一个独立的研究项目，发现负面评论或专业评论会对图书销量产生积极影响。

在“存在即合理，所有的书都是好书”的设定下，伯格和索伦森分析了《纽约时报》评论过的 244 本精装书的销售情况。其中有关正面评价的发现并不令他们感到意外，比如好评会使一本书的销量增长 32% ～ 52%。惊喜出现在研究负面评论的时候。研究显示，对于知名作家来说，《纽约时报》的负面评论会使图书的销量下降 15%，但如果被批评的作家并不出名，负面评论最高可让销量提升 45%。

亚马逊凭什么赢?

2009年亚马逊公司创立之后不久,公司的第一位雇员谢尔·卡普汉(Shel Kaphan)提出增设顾客评论板块,开创了网络评论的先河。很多人不知道,当时亚马逊公司需要自己为商品撰写第一条评论,以便吸引更多消费者跟风,从而推动销量和评论数量的增长。亚马逊公司的创始人杰夫·贝佐斯(Jeff Bezos)相信,如果亚马逊网站上的图书评论数量多于其他零售网站,亚马逊就会获得巨大的竞争优势。

亚马逊公司开创历史先河的时候,我正就职于加利福尼亚州的迪讯公司(Dataquest,美国著名信息分析公司。——译者注),记得当时有一些分析师同事对此事件的评价为"亚马逊一定是疯了"。迪讯公司是最早涉足高科技分析的公司之一,后来被高德纳咨询公司(Gartner Group)收购。

当时,消费者依然习惯于去实体书店购买可以实实在在触摸到的图书,像亚马逊这样的网络零售商能在顾客没看到货的情况下展开销售已经相当出人意料了,而他们居然还敢把消费者评论公布出来,这无疑会被人认为是在"自杀"。"如果某件商品获得的全是差评,肯定就没人买它了。"一位分析师认为,"而供应商如果知道他们要面对消费者的批评肯定会退缩,他们可不乐意让消费者拥有这么大的权力。"

现在想来,那位分析师同事的顾虑贝佐斯肯定也想过,但不同的是贝佐斯还有更深入的考量。在商品页面上公开顾客评论，如果评分较低，商品销量确实会受影响，但对于整个亚马逊网站来说，增加顾客评论有两个明显的好处。**第一点也是最重要的一点：这样做有利于赢得顾客信任。**在当时，实体书店相对于亚马逊，最大的优势就是已经获得了顾客的信任，因为彼此都在对方眼皮底下，而邀请消费者评论就是在拉拢消费者。**第二点好处是，这相当于为消费者建立属于他们的社群，提高了消费者参与感和互动性。**

很快，几乎所有大中型网站都开始追赶亚马逊公司的脚步，开设顾客评论这个板块。你是否曾经纳闷为什么那么多零售商会向你发送邮件，邀请你撰写商品评论？据 Reevoo 网站所说，如果某件商品的评论达到了 50 条，那它的销量就可以提高 4.6%。互联网调查和市场研究公司 iPerceptions 的调查显示，63% 的消费者更倾向于在有顾客评论的网站上购物。

尽管有压倒性的数据说明开设评论板块利大于弊，但仍然会有一些零售商拒绝这么做，为什么？他们担心差评影响销量？事实上，如果没有评论板块，他们会面临更大的问题，那就是消费者可能会离开他们的网站，寻找下一家拥有足够多顾客评论的网络零售商。

借助益博睿公司的市场营销数据库，我对比分析了设有网络评论板块和没有设此板块的网站，并对消费者在访问某一类网站之后接着浏览的内容进行了跟踪调查。结果发现，在访问了设有评论板块的零售网站之后，33.4% 的消费者会接着访问另一家零售网站。而访问了没有评论板块的零售网站之后，接着访问另一家零售网站的消费者比例提高到了 47.9%。之所以出现如此变化，是因为超过 80% 的消费者在做出购买决策前会浏览顾客评论。所以不开设评论板块的网站实际上是在把自己的顾客推向有大量顾客评论的网站。

即便是非销售型的网站，也可以考虑开设一个评论窗口或是应用，用于显示你的业务在其他点评网站上收到的评论。

近年来，网络评论逐渐进入旅馆业。在温德姆酒店的预订页面上，每种价位的客房旁边都标注着其在猫途鹰上的评分。四季酒店的官方页面上也链接了猫途鹰的标识，顾客可以点击查看各种客房的评论。如此透明地展示网络评论不仅方便了顾客，也给企业带来了额外的好处。例如，每一家温德姆酒店的分店经理都能够知道其他连锁店的评分以及自己的评分排名，这无形之中就激励了员工，提高了他们的工作积极性。从公司董事会到酒店的服务人员，每个人都可以随时查看自己的成绩。

相信本章的内容足够帮助你以坦率的态度面对自己的差评。当然，我们可能忽略了另一种可能，那就是本书的读者中根本不存在不断收到差评的商家。

EVERYONE'S A CRITIC

第6章

好评捕获术，五大秘诀

假如有一家酒店除了收费比其他五星级酒店低，还有宁静的图书馆、舒适的木质家具、可观风听雨的玻璃天花板，且会在你再次入住的时候主动递上一年前你点过的脱脂咖啡和曲奇饼干，你会不会对它心生依恋，好评连连？

第6章

好评捕获术，五大秘诀

Do This for Great Reviews

★★★★★

伦敦帕丁顿车站外飘着寒冷的细雨，我猜它一时半会儿还停不下来，于是不得不闯进雨中拦下了一辆黑色出租车：“你知道41酒店怎么走吗？”司机带着困惑的表情看着我。伦敦的出租车司机向来以熟知城市街道、餐厅和酒店而著称，很少会被难倒。“就在鲁宾斯酒店旁边。”我提示道。司机马上露出了恍然大悟的表情。我打开车门，把行李放到后座，然后匆忙上了车。刚刚结束长途飞行的我只想尽快到酒店休息。

前五次来伦敦，我都在41酒店下榻，所以我可以理解为什么司机会不知道它的位置。实际上，我前五次遇到的出租车司机也都没听过这家酒店。如果不仔细搜索“41酒店”，你很有可能永远也发现不了它。我之所以能找到它，依靠的是酒店订房网页上的顾客评论。

红色康乃馨酒店集团旗下的41酒店位于伦敦上流住宅区贝尔格莱维亚区，是一家仅拥有30间客房的小型精品酒店，房间价格几乎只是像萨沃伊酒店、朗廷酒店和多切斯特酒店这样的传奇五星级酒店的 50%。最让 41 酒店引以为傲，也让 1 076 位竞争对手迷惑不解的是，在过去两年里，41 酒店一直是猫途鹰上评分最高的伦敦酒店。实际上，猫途鹰上排名前三位的酒店都归红色康乃馨酒店集团所有，41 酒店的兄弟酒店肯辛顿里程碑酒店和埃杰顿家园酒店都是第一名的有力竞争者。

红色康乃馨酒店集团的管理层和员工都没有接受过专门的顾客服务训练。41 酒店没有游泳池、健身房或气派的大堂，而且客房偏小。唯一比较明显的优点是房费远低于其他五星级酒店，每晚 300 ~ 600 欧元。然而 41 酒店获得高评分并不是因为其价格。

大部分光顾过 41 酒店的客人都能很快发现它排名第一的原因：41 酒店的员工对顾客满意度和网络好评率有着近乎疯狂的痴迷。“我们的手机上都装有猫途鹰的应用，”41 酒店的一名经理承认，“我们会经常查看酒店的排名和新评论。”“上周我们收到了 4 条评论。”另一位工作人员插话道。

和很多商务人士一样，我是在猫途鹰上发现 41 酒店的。当时，41 酒店的评论有 1 380 条，整体评分 5 星，评论内容包括“我住过的最棒的酒店”，“嘘，我们知道就好，不要告诉其他人”和“我可以一直住下去吗？我等不及再去住一晚了”。看了这些评论，我基本可以确定，入住这间酒店的话至少可以睡个好觉。

当接待人员指引我来到酒店中庭的图书馆时，我仿佛踏入了一个富有英国家庭的图书馆。酒店客人在这里悠闲放松地吃早餐，看晨报，房间两头的壁炉正缓缓输送着阵阵暖意。角落里，几位酒店工作人员正聚在书桌旁安静地办公。我放下行李，轻轻坐进舒适的高背皮椅里。还没开口，就有服务员端来了一杯脱脂拿铁咖啡和一碟饼干，那是我在一年前入住这里时点过的。这种细心令人深深折服。捧起温暖的咖啡杯，阴沉天气带来的寒意逐渐消失，而此时前台经理玛格达通知我入住手续已经办好了。不久，另一名员工礼貌地询问我这次短途旅行的计划，并表示可以为我预约下榻期间的任何服务。

从网络评论中获益的商家有一个共同点：评论并不是他们唯一的关注点，那只是他们经营策略中的一部分。

回到客房整理行李时我想到，酒店员工对顾客满意度和网络评论的高度关注，有效扩大了网络评论的影响力。41 酒店没有在品牌塑造上下大工夫，没有花大钱打广告，没有进行价格战，它之所以能名利双收，完全在于它发现只要提供更周到的服务就能够获得好评，而好评自然能带来源源不断的顾客。

暗中佩服 41 酒店的高瞻远瞩时，有一个观点在我脑海中一闪而过：41 酒店和其他高评分酒店的独特之处在于，它们已经掌握了互联网时代的消费者心理和营销窍门，即为消费者提供最宾至如归的服务。实际上，商业规则并没有改变，不断变化的是高速发展的科技以及随之而变的商业模式与消费行为。在研究过许多商家凭借网络评论获得成功的故事之后，我发现成功的关键只有一个，那就是老板和员工对服务客户怀有真正的热情。

对于那些散漫任性的商家来说，网络评论可能会带来灾难性的后果。在一个消费者拥有大量选择的世界里，如果商家缺乏服务热情，很容易就会人尽皆知，因为万能的互联网会放大商家哪怕无伤大雅的过失。

缺乏服务热情的商家还会面临这样的尴尬：热情的商家会努力满足网络评论里提出的各种要求，而热情缺失的商家则不知道要何去何从。

秘诀 1　热情是好评的领航员

在职业生涯的早期阶段，我有幸和很多前景光明的新兴企业合作过，当时我发现能在激烈的市场竞争中站稳脚跟的企业和失败的企业间有一个巨大的差异，那就是成功的企业总是有明确的目标，以及详细具体的发展计划。

其中的逻辑与你每天开车的心理过程类似。除非你只是想出门兜个风消磨一下时间，不然你肯定会在将车开出车库前就想好目的地。就算你的目的地是个陌生的地方，理智如你肯定会把地址输入 GPS 导航仪，或是早早准备一份路线图。

如果你已经决定向网络评论借力，那么明确自己的发展目标和发展计划就显得尤为重要。浏览竞争对手的评论寻找改进经营措施的时候，你或许已经发现，一味满足顾客需求，很可能导致企业偏离正常的发展轨道。

我想传达的最重要的一条信息是，你不可能令所有人满意。如果你的产品或服务确实没有达到顾客的期待，他们当然有理由发表差评，但不妨调整一下思路，**即实际上这位给差评的顾客想获得的服务根本不在你的计划之内，他根本不是你的目标客户。**

探讨企业使命、愿景以及如何达成使命的图书多如牛毛，但相较于重新制订愿景，我更希望你能将注意力放在经营的终极目标上。

现在，请尽可能排除你身边的干扰因素。如果你有一间独立办公室，就把门锁上。关掉你的手机和电脑，花些时间放松下来，然后回想自己当初为什么要开始做生意。如果你在一家公司工作，想一想自己当初为什么要选择这份工作。现在你还像当初那样满怀激情吗？如果是，那么很棒，是时候向前迈进一步了；如果不是，那么是时候重新上路，寻找能让自己充满激情的目标了。

接下来问自己一个问题：我的目标和竞争对手的目标有什么不同吗？如果你的答案是“没有”，那么是时候朝着一个更远大、更卓越的目标前进了。调查发现，**所有成功向网络评论借力的商家都对自己的产品或服务怀有难以置信的热情。**

Veo 眼镜店的詹姆斯如此，所以他才能在不公平的市场环境中打造出一家独具特色的眼镜店。41 酒店的员工也是如此，他们每人都拥有一本红色的小册子，册子里有酒店创始人亲笔写下的经营愿景。另外，我有一个传递热情的秘诀，就是你要尽可能地把你的经营终极目标生动化、清晰化。

为了让你的终极目标更加生动，请你以顾客的视角写一个温暖的故事，故事中顾客经历的都是最美好的事情。在写故事的过程中，我建议你将之前读过的评论嵌套其中，以丰富细节。如果你经营的是一家咖啡馆，想象一下当顾客走进你的店时，他们会受到怎样的接待，你的员工会穿着怎样的服装带着怎样的表情招呼客人。故事中你可能会提到，一位每天早上都来店里买特浓咖啡的顾客感到非常愉快，因为他发现你一看到他停车就开始帮他准备咖啡了。可能你会写道，你的店员比其他连锁咖啡店更细心，比如他们会记住常客的名字，会与顾客聊他们周末的安排，或是昨天晚上的足球比赛。

“除了摄影，我干不了别的”

和明确终极目标同样重要的是，你实现目标的决心和热情。研究过 Yelp 网、猫途鹰、Angie's List 等网站上的评论者之后，我发现评论者很容易就能觉察出商家为他们服务时是否满怀热情，而被肯定的商家最有可能获得 5 星好评。

我与摄影师米丝蒂・莱恩（Misti Layne）的初次相遇是在 2003 年。米丝蒂最打动我的一点就是她对摄影事业的热情。

“除了摄影，我干不了别的。我不想回到格子间，不想整天待在电脑前。我就想做摄影，这是我唯一想有所成就的领域。如果你雇用我，这是我的骄傲，我的荣幸，我的责任。”米丝蒂对我说。在过去的十年里，米丝蒂一直是全职摄影师，拍摄婚纱照、结婚典礼和个人照片等，她是 Yelp 网上评分最高的旧金山摄影师之一，获得了 55 条 5 星好评。米丝蒂对摄影的热情毋庸置疑。她用实际行动让我明白，她为什么能打败旧金山成千上万名同行，成为顶级的 5 星摄影师。

10 ~ 30 条评论带来的购买转化率超过 3%，50 条以上评论的购买转化率则升至 4.5%。

除了是一位评分很高的摄影师，米丝蒂也是 Yelp 网的精英评论者。2005 ~ 2008 年期间，她总共撰写了五百六十多条评论。米丝蒂的经历完美阐释了获得网络好评的第一条秘诀：热情会带来好评。很显然，是米丝蒂坚定不移为顾客提供最佳服务的热情造就了她的耀眼成绩。“现在，每天早上一睁眼我就知道今天要拍哪些照片，我很喜欢这种感觉。”她在自己的博客里写道。米丝蒂也坚信，只要拍摄的照片足够精彩，她一定会获得与之等价的好评。

米丝蒂还有一个获得 5 星好评的秘诀：她从不主动要求顾客写评论。她认为讨要来的评论是虚假评论，最终还是会被网站过滤掉。Yelp网的过滤系统相当谨慎，如果评论者是第一次撰写评论，且内容充满溢美之词，系统就会认为其涉嫌造假，最终商家费尽心机讨来的评论也不能被更多消费者读到。米丝蒂继续向我解释道，她并不认为获得5星好评是件特别值得炫耀的事，“如果有人给我打了5星，那只能说明我的工作得到了认可而已。但实际上，不管能不能得到认可，我都会将工作做得尽善尽美”。

正如我们在第3章中探讨过的那样，收到差评常常会导致商家从此仇恨或无视忽略网络评论。而不管不顾、满腔热情地践行自己的使命，能够在很大程度上弱化差评带来的冲击。我就认识一位企业高管，他义无反顾地辞掉高薪工作，转而将满腔热情投注到真正希望有所成就的领域中，用非常另类的方法创办了一家堪称完美的理发店。

差评经济学，将谩骂转化成超额收益

在讲述下面的故事之前，我要提醒你别在严肃的办公室里模仿这种做法，这种恶作剧式的营销方法只在某些领域适用。

2008年，马修·伯曼（Matthew Berman）辞去了宝洁公司全球营销主管的工作，开始追求他一直以来的人生梦想：开办一家理发店。在理发师培训学校学习了八个月后，马修创立了博尔特理发店（Bolt Barbers），这家前卫的理发店志在创造一种全新的理发体验。博尔特理发店的顾客在理发的同时会享受到许多额外的服务，例如店里多台大屏电视随时播放各类节目，加入啤酒俱乐部的会员可以边喝酒边理发等。博尔特理发店由旧厂房和车库改装而来，高高的天花板上悬挂着一个大大的标牌，上面写着：我们在 Yelp 网不招人待见。

在有些方面，博尔特理发店沿用了旧式理发店的做法，但同时马修也想营造一种酷而时尚的氛围。所以他在店里放了一张长约 6.7 米的标准沙狐球桌。但这张年久失修的旧球桌有些不稳当，而当时整个西海岸地区唯一一位会修理沙狐球桌的师傅又因病告假，暂时无法工作。所以那张沙狐球桌就那么带“伤”上阵了。

博尔特理发店开张没几天就在 Yelp 网上收到了顾客评论：在一列闪闪的 5 星好评中，1 条 4 星评论显得格外扎眼。尽管大部分评论都充满肯定，但那条没那么完美的评论仍旧让马修感到生气。这位评论者说，他很喜欢自己的新发型，对整个理发的过程也很满意，但因为沙狐球桌没有保持水平，所以他只愿意给 4 星。对此，马修的回应是：“这里是世界上极少数，不，可能是唯一一家拥有标准沙狐球桌的理发店，这个家伙却仅仅因为它不平就扣掉了 1 颗星！简直太无礼了！”

越来越受欢迎的博尔特理发店，收到的评论也越来越多。与所有商家遭遇的情形一样，马修的理发店偶尔也收到了 1 星差评，这让他开始意识到他之前学到一些关于做生意的知识是错误的。当马修还是个孩子的时候，他曾在一家杂货店里打工。那家杂货店的门口挂了个牌子，写着：“原则 1：顾客永远是对的；原则 2：把原则 1 再读一遍。”

认真读了博尔特理发店收到的1星差评后，马修认识到："我曾经相信的一些商业法则原来是错的。顾客并不总是对的，而网络又将这些顾客发表的错误言论无限放大了。"

马修没有像一般商家那样默默抱怨差评，也没有就此远离网络评论，马修的做法是把这些1星评论打印出来，过塑，然后放在等候区给顾客阅读。马修发现，顾客似乎很喜欢阅读这些差评。于是，马修发起了一场"我们在Yelp网不招人待见"的运动。马修对负面评论富有创意的运用大获成功，当地杂志、报纸和广播电视纷纷前来报道，博尔特理发店因此受到了前所未有的关注。

"我们在Yelp网不招人待见"带来的宣传效果远远超过了任何大手笔的营销广告。如今，马修已经在西好莱坞开了第二家分店，并特意在门店外墙上装了一个"我们在Yelp网不招人待见"的金属标志。马修在拉斯韦加斯的第三家分店更酷，它在一节废弃的火车车厢里营业。

表面看来，马修似乎"不待见"网络评论，但深入了解之后，你会发现事实并非如此。马修在洛杉矶、西好莱坞或其他任何城市的生意，都是依靠网络评论来推动的。尽管马修一直大喊"我们在Yelp网不招人待见"，但事实上洛杉矶市中心的博尔特理发店的整体评分高达4星。Yelp网怎么看待马修的挑衅活动呢？我要透露的是，马修是Yelp网独立商家咨询委员会的成员之一。

在努力赢得好评的过程中，热情和使命必达的决心扮演着非常重要的角色。消费者反馈和竞争对手的情报，这两项网络评论的最珍贵的副产品，不是人人都有能力承受。如果没有明确的目标和坚定的决心，仅仅为了安抚网络评论者的情绪而不断调整方向，只会离成功和梦想越来越远。“我们在 Yelp 网不招人待见”运动有力证明了，商家最好以平和的态度对待差评。马修之所以能一边气定神闲地自嘲，一边全心全意地服务顾客，关键就在于他用满腔的热情和明确的目标衡量过自己收到的每一条网络评论。

秘诀 2　保持信息高度透明，塑造网络影响力

在秘诀 1 的指导下，相信你已经拥有了明确的目标，而如果你愿意保持透明度，就相当于获得了在竞争中胜出的第二个珍贵筹码。等我讲述了纽约开锁公司锁克星的老板杰伊·索弗（Jay Sofer）的故事，你就会相信，透明度能带来巨大的发展商机。

我第一次看到杰伊是在 YouTube 上的一段视频里，视频记录的是他和纽约市长迈克尔·布隆伯格共同参加一场 Yelp 网举办的活动。杰伊身量不高，但活力十足，他迫不及待要开始讲述自己白手起家的故事。

2008 年时，杰伊还住在母亲的车库里，是个身无分文的无业游民。后来在朋友的介绍下，杰伊进入纽约一家物业公司做管理员，后来转行做开锁生意。起初，杰伊的生意可谓惨淡。某天，杰伊在点评网站上注意到一个现象：不少顾客都抱怨锁匠收费标准不透明，存在敲诈欺瞒的嫌疑。

事实上，收费标准不透明是整个纽约锁匠的通病，特别是在布鲁克林，那里的锁匠尤其蛮横无理，所以收到 1 星差评是稀松平常之事。评论者“克洛艾”写道：“我的邻居以前也被锁在门外过，他的锁匠收费还算便宜，但我这次竟被人收了 1 300 美元。”

杰伊意识到自己找到了致富之道。于是，他开始为自己的服务定价，而且他观察到，深夜把自己锁在家门外的顾客所处的位置非常弱势，几乎只能任其摆布。杰伊说，没有人想被敲竹杠。准时、诚信和有礼貌，这三点是杰伊与其他锁匠的最核心区别。

杰伊在点评网站的个人页面上公开了各种情况下的开锁价格，比如夜间或周末开锁收费 159 美元，日间开锁收费 99 美元等。“我在定价表上严肃声明，除以上收费外绝不存在任何隐藏费用。”杰伊补充道。

短短 6 个月后，杰伊就成为 Yelp 网和 Angie’s List 网站上评分最高的锁匠。更重要的是，杰伊说，“我几乎所有的顾客都是通过网络评论找到我的”。除了在 Yelp 网上购买广告位，杰伊再没有任何广告支出。他尝试过在谷歌上购买关键词排名，但发现用网络评论来吸引顾客更具针对性，投资回报率也更高。

杰伊能够取得成功，很大程度上是因为他保持了基本礼仪。“我喜欢为自己所做的每件小事负责的感觉。我的竞争对手也应该这么做，只是他们完成得很糟糕。”杰伊说。去开锁之前，杰伊通常会像去见新女友的父母一样，刮干净胡子，确保身上没有酒味或烟味。见到顾客后，杰伊也会谦逊有礼，态度亲和。相信只是做到这些，杰伊就已经稳操胜券了。“我认为成功的秘诀之一在于仪表。在我的行业里，准时出现、仪表整洁就已经会让顾客喜出望外了。”杰伊是对的，在锁匠行业，这已经足以让顾客打出 5 星好评。

你必须学会接受网络评论分析的第一条法则：差评永远存在，你要直面它们，并从中汲取养分以便继续前进。

除了在 Yelp 网上广受好评，杰伊还两次获得了 Angie’s List 网站颁发的超级服务奖。杰伊告诉我：“每一次顾客通过 Angie’s List 网站找到我，我都会严阵以待。”想要在 Angie’s List 网站上获得好评，杰伊必须超级专业。对于杰伊而言，透明度显然不仅仅意味着在个人页面上公布价格，透明度对他来说更像是一种互利互惠的平等关系。他非常愿意按照评论网站上的反馈进行调整，而且他的反应通常很快。但杰伊偶尔也会收到 1 星差评。

最近一次收到差评，是在杰伊已经工作了一整晚之后。当时，他一反常态地迟到了。一见到气喘吁吁赶来的杰伊，那位顾客马上告知说自己常逛 Yelp 网，并表示一定会为今晚的服务写条评论。杰伊认为这是一种威胁。这样的负面意识影响了杰伊的工作状态。当他草草修好门锁之后，顾客显然更不满意，于是他不得不中断修理，回到卡车取更多工具，这一举动加剧了顾客的怒气。最后，顾客用现金结账时，疲劳的杰伊竟忘了找钱，也没有开收据。总之，杰伊几乎犯了1星锁匠会犯的所有差错。不出所料，杰伊得到了一条1星差评。但杰伊没有置之不理，而是想努力善后，以期重新赢得顾客的支持。

于是，杰伊再次联系上了那位顾客，并为自己糟糕表现以及忘记找零和开收据的事情道歉，杰伊还表示愿意为他提供半价优惠。我很好奇杰伊有没有请求这位顾客删除那条差评，但杰伊表示，如果你工作足够用心，并让顾客感受到你的工作热情，一切事情就会顺利进行。几天之后，这位顾客打来电话，说有个小活儿要找杰伊做，休息充分的杰伊令顾客十分满意，后来顾客主动删除了那条差评。

对刚起步的商家，杰伊的第一条建议是，**请立刻把自己的业务搬上点评网站**。在杰伊看来，Yelp网或谷歌的评论页面相当于官方网站的延伸。

第二条建议是，**尽可能保证点评网站的信息透明**。浏览杰伊在Yelp网上的页面，你会发现他所有的信息都填写得尽可能详细。你也可以这样做，将你是谁、你的联系方式、收费标准、你的独特之处等信息通通展现出来。

除了杰伊的两条建议外，你还可以借鉴一下他发现市场空缺——纽约市对诚信、行动迅速以及有礼貌的锁匠的需要的方法。浏览同行的评论时，你是否发现某个问题反复出现，很多顾客都不胜其烦？

目前，杰伊已经拥有了两家分店，他还正在争取全国特许经营的问题，甚至有一档真人秀节目专门探讨了他的业务。而这一切都始于网络评论。如果你对自己的事业满怀热情，也做到了对市场公开透明，那么你就已经完成了改进生意的前两步。第三步是很多评论者以及获得高评分的商家反复提到的一点：做一些超出消费者预期的事情。

秘诀 3　多渠道吸引顾客撰写评论

从网络评论中获益的商家有一个共同点：评论并不是他们唯一的关注点，那只是他们经营策略中的一部分。社交媒体兴盛多年，商家是时候改变与消费者的沟通方式了，比如从单向宣传转变为双向沟通。

在双向沟通的模式下，网络评论就成了商家与消费者对话的中心，但也只是中心的一部分。在沟通渠道上，Facebook、Twitter 及其他社交网站承担着重要角色，博尔特理发店在这方面为大家做了一个很好的示范。

对商家来说，与消费者产生的最早的联系产生于他还没踏进店门之前。当消费者在街上闲逛或者上网时，就有可能已经通过橱窗广告、猫途鹰和 Yelp 网的排名了解过商家。那些信息有可能是商家刻意公布的，比如博尔特理发店橱窗里的差评；有些是第三方“无私”奉献的，比如当地报纸的报道和杂志的推荐。不管信息从何而来，最终都会产生两种作用。首先是宣传效果，它们令那些新顾客了解到其他人对产品和服务的评价。其次，也是更重要的一点，这些信息向眼前的潜在顾客显示了一条重要信息，即商家很重视消费者的意见。

我曾问过锁匠杰伊，他是否请顾客撰写过评论，他的回答是："那样做很差劲。"杰伊另有与顾客讨论网络评论的方法：他会问新顾客是如何找到自己的，他知道答案一定是网络评论。邀请消费者讨论网络评论的方法有很多，在橱窗里张贴一些顾客评论就是其一。至于要选择哪些评论张贴出来，我们会在秘诀 5 中详细讨论。总之，张贴小公告可以向顾客传递这样一条讯息：如果你喜欢我的服务，可以通过发表好评来回报。

很多点评网站会为商家提供插件，这样商家就能将顾客评论链接到自己的网站。尽管将所有顾客评论公之于众有些冒险，但这么做的理由相当充分。

正如前文所述，有顾客评论的网站，其客户转换率和购买率将提高 3% ~ 4.6%，具体提高的幅度取决于评论数量和质量。即使是非销售型网站，更新网络评论也有助于吸引顾客持续关注。没有顾客评论板块的网站实际上是在逼迫消费者离开，去关注其他更完善的网站，这相当于将利润与顾客拱手让人。

20 世纪 90 年代末，商家对于是否要在自家网站上公布顾客评论普遍持谨慎观望的态度。我把这种情况称为"前亚马逊"思维。当时，亚马逊的竞争对手、市场营销人员和行业分析师，都预测亚马逊开设顾客评论板块最终会损害自身的发展。但今天看来，正是顾客评论让亚马逊成为全球最大的网络零售商。此外，亚马逊的评论生态系统已经成为左右消费者购买决策的宝贵资源。

例如，温德姆度假酒店。尽管在官网上公布其猫途鹰上的所有评论暴露了自身缺点，但这种做法的优势很快凸显出来。在公布网络评论之后不久，温德姆度假酒店的订房数量就有所上涨，即使是那些收到差评的客房。公布网络评论还有一个好处——延长潜在客户浏览页面的时间，降低其去猫途鹰查看酒店评分而选了竞争对手的概率。

此外，公布网络评论还有另一个意外收获：这种透明度极高的公开展示有效提高了整个组织的责任意识。随着网络评论的更新，上至管理层下到保洁员工，所有人见面就会聊一聊顾客评论。对于温德姆酒店来说，评论已经不仅仅是一种吸引新顾客的手段，而是成了激励整个集团员工不断改进工作的新动力。

商家与顾客之间的交流不是简单的一句评论或回复，而是双向的线性沟通。Facebook、Twitter 和 Instagram 这样的社交媒体会放大你与顾客之间的互动，博尔特理发店的“我们在 Yelp 网不招人待见”就是一个例子。

在收到不公正的差评之后，马修很快通过 Facebook 予以还击，于是有了“我们在 Yelp 网不招人待见”升级版。马修还在 Twitter 上请博尔特理发店的“粉丝”来评理，这进一步扩大了运动的影响。实际上，除了负面评论可以用来宣传，商家也可以摘录一些正面评价来扩展他们与顾客的沟通渠道。

秘诀 4　像做业务一样管理网络评论

通过网络评论获得成功的商家有个共同点，那就是他们对网络反馈都非常关注，都在积极应对网络评论。与温德姆酒店一样，41酒店的员工对酒店的网络评论有种团结一致的责任心，这既是为了竞争，也是为了有效监测顾客满意度，他们希望用自己的实际行动赢得一条又一条好评。

如果41酒店的顾客发表了一条很少见的差评，酒店员工就会立刻向经理报告这一情况。如果评论里提到诸如客房的灯光太昏暗这类问题，那么在发现评论之后，连锁酒店总经理、分店经理和客房服务人员就会在这间灯光昏暗的客房里召开一次会议，分析讨论如何改正此问题。虽然更换灯泡似乎是个酒店员工就能轻易解决的小问题，但这绝对不是微不足道的。

在网络评论时代到来之前，商家获得消费者反馈的方式只有满意度调查和面对面的询问。如今，商家可以免费看到顾客对自己和竞争对手的评论，所有的一切就此改变。从网络评论身上尝到甜头的赢家已经将网络评论纳入管理的一部分，他们鼓励员工阅读、研究网络评论，并从中学习经验教训。

在员工积极地和客户互动，努力确保每位顾客都获得值得他打出5星好评的体验的过程中，员工将越来越敏锐地预测出哪些境况下会得到差评。此时，如果员工能够及时介入并尽全力纠正问题，就会有效规避掉差评。

秘诀 5　超预期服务，提供评论素材

除了保持透明度，纽约锁匠杰伊提到他在网络评论世界获得成功的另一个原因是，他做了一些超出预期的事情（除了准时到场和保持仪表整洁）。在完成工作之后，杰伊会多花一些时间把工作区域清理干净，或者给门轴加点油。与杰伊给门轴加油类似，博尔特理发店的马修为顾客提供标准沙狐球桌和散装啤酒，那也是令其印象深刻的好方法。提供一些超出预期的惊喜，顾客就更容易记住你，这就好比一家服务优质的五星级餐厅，还提供可口怡人的餐前小吃。

在激烈的市场环境中，评论网站或许会带来一些令人沮丧的副作用，比如将一种产品和服务严重商品化。**网络评论实际上是一场选举，优质的商品和服务会得到最高的票数，另一方面来讲，它们也将遭受最严重的商品化。**作为商家，应对商品化最有效的方法之一就是，提供超出平均水平的东西，给消费者出乎意料的惊喜和超值体验。

在阅读广受好评的竞争对手的评论时，关注一下他们的 5 星好评。我相信这些好评之间一定有一个相同的主题。他们是否做了一些你完全没有想到的额外事情？是否提供了你自己都期待已久的特殊服务？或者你可以问问自己，最难忘的晚餐是什么样的？你经历过的最惬意的服务体验是什么？你为什么会对这些经历印象深刻？或许令你印象深刻的仅仅是一些小事，比如满足你的一

个请求，或者在你开口之前就预判到你的需要。

十多年前，我在一家印度餐厅给朋友庆祝生日。似乎是在无意间，餐厅老板得知他的店里有一位大寿星。尽管餐厅没有甜点出售，但老板仍然出去买了生日蛋糕和蜡烛为我朋友庆贺。事后我给那间餐厅写了一条好评，十年之后，我还在对别人讲这个故事。

从本质上讲，网络评论加剧了优胜劣汰，让适者生存的商业环境更残酷。

我的亲身经历证明了这种意料之外的亲切举动有多么令人印象深刻。如果你身处服务行业，记住客户的名字和喜好也会起到同样的效果。如果你服务于电子商务行业，那么只是在寄给顾客的包裹里放一些免费的促销产品或许就可以建立那种联系。

以上五大秘诀不仅有利于网络评分的提高，执行它们之后你会发现，你收到的评论会与你一样散发出积极向上的气息，这种气息将有助于你重新找回最初创业时的激情。公开透明地与消费者沟通你的价值观，有助于你成为一个更优秀的商家。同时，积极与消费者互动，你也会找到和他们建立情感联结的新方式。

一位好评收集者的建言

为验证这五大秘诀的实际作用，我决定拜访一下我的新朋友，餐厅老板拉梅什·马尼安（Ramesh Manian）。按照常理，拉梅什的车站餐厅应该不会取得这么大的成功，然而事实正相反。拉梅什的车站餐厅位于加利福尼亚州圣卡洛斯市的某个贫民区。餐厅白天出售咖啡和三明治，晚上供应意大利菜。照理说，这家毫无特色的餐厅应该只会收获与同行无异的平平业绩。而且拉梅什在开办车站餐厅之前，没有任何餐饮经营经验。但不得不承认的是，他拥有两大优势：他曾经是几家硅谷创业公司的 CEO，他也是一位热爱数据的精明商人，而且他对经营一家意大利餐厅饱含热情。

工作日上午 10：00，在拉梅什餐厅买咖啡的人依然络绎不绝。我进门的时候，拉梅什正和两名排队买咖啡的顾客拥抱。拉梅什身穿 POLO 衫和牛仔裤，头发向后梳成了一个小发髻，相比意大利餐厅的老板，他看上去更像是引领时代潮流的领袖。他带我走进了主餐厅旁边的一间会议室，会议室里摆着一张宽大的木桌、几张办公椅以及一排金属文件柜，它们似乎是上一任使用者遗留下来的东西。

在前往这家餐厅之前，我浏览了它在 Yelp 网上的评论。令我讶异的是，这么一间小小的餐馆竟收到了 120 条评论，而且整体评分居然达到 4 星半。搜索之后，我发现拉梅什的餐馆还获得过餐厅预订网站 OpenTable 的年度食客选择大奖。2012 年时，餐厅在 OpenTable 网站共有 13 条评论，整体评分 4 星半。

与拉梅什谈论餐厅的评论的时候，我发现他对那些评论都非常熟悉，他能回想起大部分的内容，不论是好评还是差评。我问拉梅什怎么看待网络评论在餐厅经营方面的作用，他回答说："以前我从来没有关注过顾客对我们的看法。但现在我明白了浏览顾客评论是多么重要，这可以说是经管餐厅最重要的事情了。因为不管你做什么工作，下班以后，你都需要美味的食物和周到的服务，而餐厅要做的就是满足顾客的需求。网络评论让我们更清楚顾客的需求。"拉梅什还强调了心怀愿景，并且真正付出努力的重要性。

与拉梅什谈过之后，我开始分析所有我采访过的私营企业主。从锁匠杰伊到博尔特理发店的马修，再到拉梅什，与他们交流的过程中我看到了两个清晰的共同点。

第一个是热情。我交谈过的每一位私营企业主都意识到，首先要对自己的事业拥有绝对的热情，之后才有可能获得很棒的网络评论，进而获得成功。红色康乃馨酒店集团的总经理乔纳森·拉吉特（Jonathan Raggett）说，为了保证服务质量，酒店要求员工在接待顾客时务必投入最大热情。"招聘新员工时，我首先考察的一点就是应聘者能否热情招待到访的顾客。酒店的每位员工都必须满怀热情。"

第二个共同点是，他们始终朝着目标奋进。在根据顾客评论分析企业经营之道时，我们就谈论过确定明确的目标、知道自己想成为谁的重要性。拉梅什对此的看法是，网络评论并不总是那么重要，所以要坦然面对那些与经营目标不一致的评论。盲目追随评论、一味满足顾客要求，而不去思考这些要求是否符合自己的发展愿景，很有可能离自己最初的目标越来越远。

遵循这五大秘诀，将有助于你贯彻整体经营使命、有效执行营销策略。你是谁？你做谁的生意？你要提供怎样的服务？这些都是你应该迅速回答的基本问题。创业界有一种著名的“电梯演讲”(The Elevator Speech)，是指假设你在电梯里遇见某位能影响公司命运的大客户，请用 30 秒钟来征服对方，这要求你的发言短小精悍又言简意赅。构思好自己的电梯演讲之后，你还需要问自己的一个问题，“我要如何变得独一无二？”如果你无法回答这个问题，我想你需要重新思考你的演讲内容，或者就此放弃，接受你只是市场中的一个普通商家的事实。

锁匠杰伊使自己从纽约众多锁匠中脱颖而出的方法非常简单——守时和礼貌。收费透明化也为他加分不少。与之相对，博尔特理发店的马修拥有一个宏大的目标，他想开办一家提供无与伦比甚至有些傲慢的消费体验的理发店，店里有大屏电视、沙狐球桌（现在已经调整到水平）、沙士饮料和啤酒。

在开始演讲之前，你还需要问问自己，对于你刚刚描述的生意，自己怀有多大的热情？你的热情足以令常客登录点评网站发表一条评论吗？一旦你确定了明确的目标，下一步就需要把目标进行分解，将这个闪闪发光的目标体现在产品和服务等方面。在分解目标的过程中，你需要根据所在的行业尽量保持其特点。

现在，假如你拥有一家中档的精品酒店。你的经营目标是提供安心无忧的舒适环境，让顾客享受到家一般的温暖自在，那么你可以从以下几个方面分解落实你的目标：

- 预订
- 入住
- 酒店设施
- 客房设施
- 客房清洁
- 客房服务

将目标分解之后，还需要进一步具体化。你将如何提供符合目标的服务，并力求卓尔不群？方法之一就是自己承担订房业务而不是外包给中介，因为你经营的是规模较小的精品酒店，所以你有足够的能力这样做。如此一来，你还需要对员工进行培训，规范他们在接听订房电话时的方式。你甚至可以设立特定的交谈模式，以体现你想为顾客提供舒心环境的决心和目标。

具体化各方面的目标之后，你可以借用锁匠杰伊的策略，让你的目标和愿景更透明。既然你坚信提供的服务完美无缺，那就在网站上公开你的目标，让现有顾客和潜在顾客都可以明确看到。

保持信息高度透明有几个明显的好处。首先，这是让潜在顾客了解你的好机会，你想向他们传递的信息，间接塑造了他们对你的期望。

如今，商家与现有顾客及潜在顾客沟通的渠道多种多样。我们可以在官方网站或 Facebook 页面上发布消息，可以在 Instagram 社区上传图片，可以用 Twitter 更新状态，但最重要的是，商家可以在大部分点评网站上发布文本、图片和视频信息并针对顾客的具体问题进行回应。商家发布信息相当于做出承诺，而兑现承诺的产品或服务才更有可能获得好评。

在上面的精品酒店案例中，如果你决定自己负责酒店订房业务而不是外包，你就可以在酒店网站、Facebook页面和点评网站上发布信息，声明顾客将得到酒店的直接回复与服务，而不是通过不熟悉酒店环境的中介平台。

在不额外增加成本的情况下，还有哪些举动有利于顾客牢牢记住你？之前我住喜达屋酒店时，刚好赶上他们推行“顾客亲和力”项目。在顾客亲和力项目中，喜达屋会附赠每位顾客一项免费服务，包括电影、啤酒、爆米花和停车位等。为营造愉快的氛围，喜达屋会在顾客订房时就向其说明这项免费服务，比如：

> 史密斯先生，感谢您的预订。在挂断电话之前，我们想要跟您确认一些免费服务项目。是这样，为了确保您能享有放松舒适的入住体验，我们准备了一些免费服务项目，例如……

有时在顾客消费之旅的末尾花点小心思也会带来不错的效果。我之前住过一家酒店，他们的各项服务都不错，没有任何可指摘之处，但也没有特别值得印象深刻的地方。我和朋友退完房之后，男侍者推着我们的行李陪同我们去停车场。把行李放进后备箱后，这位男侍者递给我们两瓶水，说以免我们路上口渴。在入住其他酒店的时候，我也曾被这样贴心地服务过，所以这位侍者的举动并没有给我们带来特别大的惊喜。

但还没结束。等我坐到驾驶座位上时，留意到汽车仪表盘旁边放着一小袋玻璃纸包装的糖果，还有一张酒店员工写的感谢卡。那一小袋糖果，或许不值多少钱，但作为一份意料之外的小礼物，已经足够让我印象深刻。

在第 7 章中，我们会深入探讨商家贴心的服务获得的好口碑将怎样推动盈利，所以这里我们先将重点放在如何提供贴心服务上。

但有一点可以肯定的是，当你提供了一种积极的并且令人印象非常深刻的消费体验后，你获得 5 星好评的概率就会大大增加。

评估：如果顾客需求与经营宗旨相悖

在为顾客提供意外之喜后，我们建议你带着目标和愿景重新浏览一下你的网络评论。至于怎么浏览网络评论，拉梅什提出了一个非常棒的建议。他说：“不要去看你收到的前十条评论，它们可能会给你一种错误的安全感。”

拉梅什表示，在创业的初始阶段，他的朋友和家人会为了照顾他的生意而给出好评，也有一些善良的消费者会因为这是一家新店而格外宽容。这些因素都会导致一开始的评分虚高。如果你有足够多的评论，那就先过滤掉前十条；如果你的评论数量还不够多，那么对它们进行数据分析时，就要注意考量所有潜在的影响因素。

这一次浏览网络评论的目标是找出其中反复出现的问题。比如，顾客有没有指出服务员的回应时间很长？有没有对食物或洗手间的卫生状况提出抱怨？正面评论居多还是相反？有没有哪道菜获得了多位顾客的赞扬？他们对服务员和装修环境怎么看？

总结回顾网络评论之后，将其与你制订的经营目标和计划对比一下。你的目标是否涉及了评论的相关内容？被抱怨的方面是否已经纳入改进范畴？目标是否合理？计划是否完善？

这相当于根据网络评论评估你的目标。评估过程中，你会发现如果要满足某些差评中的需求，你就必须改变原来的目标。这需要认真思考，是坚持原来的愿景、最初的目标，还是为了抓住顾客而适当调整？除了评估核心目标，你还可以进一步衡量各方面的分解目标。现在你可以在分解目标旁边加上两栏，第一栏标记为“好评”，第二栏标记为“差评”，并将各方面的评论分别填入这两栏。这个步骤有利于完善你在各方面的服务。

完成对所有目标的评估后，请退一步站在更高的角度思考一下整个过程。你有没有从这项练习里学到什么？有没有什么顾客赞扬的地方出乎你的意料？顾客在负面评论里提出的问题中有没有哪个你早已意识到？有没有哪个问题是你从来没有意识到的？

罗马咖啡馆（Caffe Roma）是一家家庭经营式咖啡馆，是旧金山湾区三家意大利咖啡馆之一。咖啡馆店主艾琳快 101 岁了，她的顾客范围很广，从退休老人到年轻的自由职业者，还有几公里外旧金山国际机场的旅客。所以，网络评论是罗马咖啡馆开发新客源的一个重要渠道。

尽管罗马咖啡馆的评论中好评居多，但仍不难发现一些反复出现的投诉：当顾客点了一份需要加热的糕点时，店员端上来的总是加热过头被烤干烧焦的。实际上，这个问题不难纠正，只要在员工培训时稍加提醒即可。在分析罗马咖啡馆的经营状况时，一个更具挑战性的问题浮出了水面。

艾琳拥有一种不可思议的能力，她几乎能够记住每位顾客的名字，即使有时只见了对方一次。当艾琳在咖啡馆的时候，她的记忆力和热情款待会令顾客感觉自己就像她的家人。然而评论里不少顾客表示，当艾琳不在店里的时候，一切都变了。所以对罗马咖啡店来说，提高好评率最直接的方法就是找出方法，让没有艾琳的咖啡馆也能使顾客感到舒适轻松。

网络评论可以告诉我们很多信息。重新用批判的眼光审视自己的经营行为，有助于发现那些不那么明显，但值得改进的地方。如果想要获得更加深刻的理解，我们可以扩大视野，将竞争对手的评论一并纳入分析。

我问拉梅什，作为一位科技公司出身的大厨，他如何将网络评论数据应用到餐饮生意上。他回答说："这听起来或许不太友善，但我要说的是，这是一家咖啡吧，是一间餐厅，是一桩有多人参与的生意，整个过程不可能通过 Yelp 网或 OpenTable 网几句简单的评论就解释清楚。”

关于 OpenTable 网上的差评，拉梅什说：“并非 OpenTable 的评论者更加吹毛求疵，而是与 Yelp 网上的顾客相比，他们更加期待不同的消费体验。Yelp 网上的评论者想要的是物美价廉的咖啡和餐点，OpenTable 网的评论者不同，他们更在意的是用餐体验。”

OpenTable 网站除了邀请评论者撰写一段描述性的评论之外，还会让他们为餐馆的食物、环境、服务和噪音水平打分。拉梅什的车站餐厅位于工业区附近，而且用餐区域的装修也非常简单，所以当餐厅环境获得低评分时拉梅什一点也不惊讶。但他仍然想在别的方面弥补环境的劣势，于是他把餐厅的内墙刷成一种淡淡的绿色，还在墙上挂了一些装饰画。很快，车站餐厅的环境评分得到了提高。“有时候，能够扭转乾坤的就是一些细节。”拉梅什说道。

几个月之后，拉梅什给我发了封邮件，告诉我他已经关掉了车站餐厅，万分惊讶的我立马决定再拜访他一次。见面之后，拉梅什告诉我，他觉得需要为自己的餐厅找一个更好的位置。旧餐厅关闭后，拉梅什回到高科技行业，但他依然没有放弃开餐厅的念头。拉梅什说：“可能还要等三个月或者一年，找到合适的位置之后我才会重新开业。”

在车站餐厅关闭时，它在 Yelp 网上共获得了 157 条评论，整体评分 4 星半。拉梅什的餐厅关闭了，所以他的建议就不具可取之处吗？我认为不是这样，他的好评率说明了一切。但不得不承认的是，拉梅什的经历向我们间接展示了做独立商户需要面对多么激烈的竞争和多少困难，即使顾客给了你一致的好评。

EVERYONE'S A CRITIC

第7章

见招拆招：不论批评还是赞美，请照单全收

如果顾客公开差评理发店说自己被弄伤，恐怕绝大多数老板都会避之不及甚至矢口否认，但有位老板却专门出书宣扬自己的所有差评，并直言自己“不被待见”。如此目中无顾客的商家到底在打什么算盘?

第 7 章

见招拆招：不论批评还是赞美，请照单全收

Dealing with Reviews: After the Fact

现在，你已经了解了自己以及竞争对手的网络评论状况，接下来你需要知道如何参与到顾客评论中去。**与在 Facebook、Twitter 和 YouTube 等社交媒体上进行市场营销极具相似，网络点评是对话式双向沟通，而非单方面的宣传。**在介绍网络评论的应对法则之前，先分享一个具体的案例。

当多数人还在因为害怕收到差评而对点评网站敬而远之时，博尔特理发店的马修就为我们提供了一个利用差评的妙招。马修之所以敢发起“我们在 Yelp 网不招人待见”的运动，是因为他注意到一个有违常理的现象：人们喜爱谈论差评。现在，不少商家都在效仿马修的做法，将差评作为宣传的有效工具。

撒泼？自嘲？总有方法让差评变好评

手工 & 社交（Craft and Commerce）是一家位于美国圣迭戈

市小意大利区的美食酒吧，酒吧合伙人之一阿尔萨伦·塔法卓立（Arsalun Tafazoli）用了一种与众不同的方式发泄他的不满。如果你去酒吧上厕所，就会听到里面的扬声器正在播放顾客对酒吧的1星评论。其中有一位叫做A.I.的用户说：

> 我还从来没有见过让人如此难以融入的地方。这里简直就是那群大胡子混蛋的聚集地……还有，到处都是吃着玉米热狗的潮人……

还有一条来自A.L.的评论：

> 食物与描述不符。饼干的味道和红龙虾餐厅的差不多，但分量只有他家的一半。炸鸡也很一般。我们在蓝色波西米亚吃过比这更好的贻贝。你问我他们的培根冰激凌三明治怎么样？那我只能告诉你：他们加培根不过是赶时髦，并没有好吃到你也非试不可。

不知道是不是新闻媒体也不喜欢Yelp网的关系，此类商家自嘲式的回应总能引起新闻媒体的大肆报道。就我了解，几乎所有围绕网络评论展开的各种无厘头的搞怪活动都会取得很大成功。更具讽刺意味的是，大肆宣扬差评的方法反而更有利于赢得消费者的好评。

通过炒作让顾客自主自愿地帮商家宣传并不是一个完全崭新的概念。心理学家乔治·斯尔曼（George Silverman）提出了口碑营销（Word-of-mouth Marketing）这一说法。口碑营销是指企业在品牌建立过程中，通过客户间的相互交流将自己的产品信息或者品牌传播开来。

“与虚假评论相比，真实评论往往包含更多“涉及感受及具体情景的词句”，例如，空间构造、周围环境等细节。”

20 世纪 70 年代，斯尔曼重点针对医生进行了实验，他注意到只要有一两位医生说某种药物效果特别好，就能动摇一屋子的怀疑论者，甚至改变那些开过这种药并对其评论不佳的医生的想法。在研究口碑形成与传播过程的实验中，我们发现，消费者更倾向于对他们自己的亲身经历发表积极的评论，而散布的负面评论多半是他们从别的地方听来或看到的。口碑营销的核心问题正是弄清楚为什么面对同样的商品和服务，有些人会给好评，有些人却给差评。

关于为什么消费者愿意给好评，口碑营销专家总结了一系列原因，其中包括：想帮助自己喜欢的商家宣传、利他主义、产品参与感、展现专业性以及解决认知偏差等。在研究人们为什么会写评论的实验中，教授德·安吉利斯（De Angelis）和伯尼兹

(Bonezzi）得出的结论是：**消费者写评论只是为了让自己的感觉更好。他们认为，人们撰写好评、回顾美好的经历是想再次强调自己做出了英明的决定。**

不过，事情并没有那么简单，如果人人都只会在做出英明决策的时候写评论，那就不会有商家收到差评了。根据 Yelp 网数据，所有评论中，1 星评论占比 13%，2 星评论占比 8%，4 星和 5 星评论分别占比 27% 和 39%。如果消费者写评论只是为了让自己的感觉更好，那么那 13% 的 1 星差评从何而来？

按照伯尼兹的研究，如果我们遇到不好的事情，或者被人怠慢时，我们在潜意识里会认为自己应该被补偿。在点评网站出现之前，被商家冒犯的你可能会把那次糟糕的经历告诉你的亲朋好友，借此得到安慰。而如今，如果哪个商家真把你惹火了，你就可以通过网络评论给他点厉害瞧瞧。

这里还有个有趣的观点：消费者喜欢传播别人的负面经历。这投射在网络评论世界就是，一些人会把他们在猫途鹰或 Yelp 网上看到的差评分享给家人或朋友。消费者散布商家的负面信息，与激动地分享刚发现的一家新餐馆的理由相同：想要让自我感觉更加良好。在描述其他人吃了如何难吃的一顿饭，怎么被一家小店痛宰，遇到了多么糟糕的客服时，我们会变得更加自信，因为这会让避免了类似可怕经历的我们显得更明智。

正面与负面口碑传播的区别正好解释了为什么博尔特理发店的"我们在 Yelp 网不招人待见"活动能发展成一场运动。马修在自费出版的图书《我们在 Yelp 网不招人待见：博尔特理发店差评精选集》（*People Hate Us on Yelp*：*Excerpts from Bolt Barbers Worst Reviews*）中，提到了叫 I.B. 的顾客，他的 3 星评论如下：

> 那位理发师差点儿剃掉我脖子上的痣，都弄出血来了。这还不算什么，最糟糕的是她还连剃两次！我讨厌被理发师弄得满身是血。

员工不小心把顾客弄伤，大多数的老板恐怕都会避之不谈，可是，马修不仅将那位不幸顾客的经历写进书里，还在网上和书中都承认确有此事。他是这样回应的：

> 我们的理发师对不小心刮掉客人痣的事情深感懊悔，这件事确实是发生在我们博尔特理发店。我们习惯帮顾客把领口以上部位的胡渣清理干净，但是，那位老兄毛发浓密，脖子和背部上方全是毛茸茸的汗毛。

通过将差评张贴在店内等候区的告示板、洛杉矶繁华市区的门店橱窗里，以及上传到 Facebook“粉丝”页面上，马修向他的现有顾客和潜在顾客宣扬了这些评论，然后利用负面口碑的强大威力达到获得好评的目的。

马修极富创意的病毒式营销手段适用于所有可以凭借玩世不

恭的客户服务取胜的企业，但这显然不适合四季酒店和法国洗衣房餐厅等高级奢华品牌。也就是说，马修在做出冒险之举之前，实际上已经进行过缜密的评估与考量，他并不是有勇无谋。

差评不仅意味着关系的不对等，我们追求一生的事业和梦想被人匿名批评实在让人火冒三丈。不过，博尔特理发店的马修为我们指出另一条出路：勇于接受各种负面评论，并以积极乐观的方式利用它，甚至展开病毒营销，进而实现巨大成功。

> **在评论经济时代，当消费者发现产品和服务的质量远低于品牌形象时，品牌贬值的幅度会更大、速度会更快。**

商家面临的一个最普遍问题是，到底要不要回复网络评论。对此，华盛顿大学讲师戴维·埃文斯（David Evans）带领学校研究生进行了一项研究。他们模拟了几份 Yelp 网上的商家资料，并让 259 位研究对象对其进行打分投票。那几份资料各有区别，第一份只有商家介绍，第二份除商家介绍外还有一些差评，第三份不仅有介绍、有差评还有商家咄咄逼人的回复，第四份的差评后面则是商家建设性的回复，最后一份资料中商家在给出建设性的回复之后，还提供了最佳的实践方法。

研究对象被要求给这五份资料打分，1 星代表不喜欢，2 星代表一般，3 星代表喜欢。结果显示，没有差评的资料排名最高，得分是 1.89 颗星；而得分最低的是对差评没有进行任何回复的第二份资料，分数是 1.24 颗星。

这项研究告诉我们，即使是咄咄逼人的回复也比完全置之不理要好。所以，我要给商家的建议就是，无论差评多么难以面对，你都应该予以回复。

虽然埃文斯的研究没能解答我们是否要回复好评的疑问，但它似乎表明：回复总没错。处理正面评论时，一句简单的谢谢就足够了，但你也可以向红色康乃馨酒店集团的总经理乔纳森・拉吉特学习，将回复好评作为一次加深顾客好印象的机会。另外，尽量对各条好评做出独一无二的回复，因为没有人希望自己被敷衍。

摆好姿势，迎接赞美

既然回复差评于商家有利，那么我们是否应该给予正面评论相同的回应呢？

虽然没有明确数据说明回复好评会进一步刺激消费，但显而易见的是，关注 4 星和 5 星评论仍然能带来其他收获。基于对 Yelp 网精英评论者和猫途鹰"最高贡献者"进行的多次采访，我得出了一致结论：**无论给出的是差评还是好评，资深评论者都希望获得商家的感谢与回应。**

从品牌建设的角度来看，就像我们刚才讨论过的负面评论一样，回复本身就是在强化品牌特色和顾客体验。41 酒店的母公司，红色康乃馨酒店集团的总经理乔纳森·拉吉特就是一位利用正面评论的个中好手。

乔纳森为我讲述了红色康乃馨酒店旗下的餐厅 Bbar 受到顾客高度评论的事情。乔纳森有在餐厅晚高峰期间与顾客交谈的习惯。有一次他与顾客交谈时得知对方非常喜爱当晚的主菜，声称那是他吃过的最美味的鱼料理。之后乔纳森在浏览猫途鹰评论时，刚好看见一条同样的好评——"至今吃过的最美味鱼料理"，乔纳森立即回复感谢了对方，并真切表示作为经理的他非常高兴能得到对方的认可。

如果顾客吃得很享受，而你又希望他们维持当下的正面评价的话，你可以通过口头交流的方式加深他们的好感。

也许随时随地为顾客提供优质体验是酒店行业高管的天赋，但乔纳森回复顾客评论的方式仍经得起理性推敲，他知道如果客人已经对吃饭这件堪称享受的事情抱有好感，那么他就没必要再向对方解释那道菜为什么好吃，而是强化其好印象即可。

与处理差评时的注意事项一样，在回复好评时也要尽量避免使用统一性的语言。除非你能在统一的内容之后补充一些独特的、能加深评论者好感的语句，否则不要为了回复而敷衍了事。

四季酒店执行着这样一条规定：负面评论必须全部回复，正面评论的回复率不低于 80%。据四季酒店的员工介绍，他们接受的社交媒体培训课程中就包括如何回复网络评论一项。我有幸采访了四季酒店负责订房业务的助理主任安德鲁·吉莱斯皮(Andrew Gillespie)，他分享了四季酒店与顾客网络对话过程中遇到的机遇与挑战。

高情商 + 高智商 = 回应差评的五个步骤

步骤 1 “对于您的差评，我们万分感激”

这听起来有违常理，因为一般情况下我们不会感谢差评。但评论者通常会欣赏那些花时间看他们的抱怨并且对其投诉给予具体答复的商家。虽然差评内容各异长短不一，但商家致谢回复必须做到两点：一是表明商家对其反馈的赞赏，二是显示出自己正在积极改进问题的决心。做到这两点之后，大概就不会发生一条差评引发大规模骂战的局面。接下来就可以进行第 2 个步骤，这是最重要也最违反常理的一步。

步骤 2 如果差评五花八门，回复务必千奇百怪

无论评论者是社群型、仁慈型、地位追求型、1 星“刺客”或者根本就是个职业差评师，你在回复时都应该针对具体的牢骚组织好语言。从我对 Yelp 网和猫途鹰上活跃评论者的定性采访得知，没有什么比千篇一律的回复更让评论者和潜在顾客恼火的了。

针对评论中提到的细节问题给予回复，可以让浏览评论的人知道你有提供更优质服务的意愿。

步骤 3　是时候解释始末缘由了

解释为什么会给顾客造成糟糕体验，是组织回复的简单思路之一，同时也是化解困境的最佳方式。

步骤 4　捎带一下你们的经营宗旨

在回复的最后，你可以重申一下自己的服务宗旨，以及差评评论者的糟糕体验如何偏离了你们的愿景。回复差评可以有效塑造积极的品牌形象。假设你是一位建筑承包商，并且希望在诚实守信、乐于沟通和卓越品质的基础上为顾客提供一流的服务，那么你可以借鉴下面的写作框架，回复某位在 1 星评论中声称被多收费的顾客：

> 亲爱的史密斯先生，听闻您对您家房屋装修的最后款项有些疑问，对此我感到十分抱歉。10 年前，我在创办这家公司的时候就下定决心用卓越的品质打败竞争对手，与此同时在工期、工价方面也要做到与客户顺畅沟通。然而从您的评论看来，我们似乎仍出现了不足，从而给您带来了麻烦与困扰。我们公司多年来一直秉承"诚信"二字，我一定会深入调查此事，然后给您一个满意的答复。

步骤 5　画龙点睛，提供直接的联系方式

最后，如果还需要进一步讨论，你可以在回复的末尾附上你的联系方式。假如不想公开自己的联系方式，也可以在回复中说明你将把自己的联系方式私信给对方以便进一步沟通。

大多数受访者都认为，商家不应该公开给那些差评评论者补偿，即使赔偿是你们的惯例。点评网站是一个公开的平台，所有的人都可以看到评论内容，公开认赔只会增强某些嚣张的差评师欺诈勒索的信心。所以，即便你不得不向评论者赔偿，也请通过私下直接联系的方式进行。

EVERYONE'S A CRITIC

第8章

先发制人，巧妙引导评论趋势

在成为被纽约市长表彰的5星锁匠之前，杰伊是一位住在母亲车库的无业游民，除了敏锐的商业嗅觉，让杰伊誉满全城的终极武器是什么？

“我们没有 Wi-Fi，和你身边的人说说话吧！”如此文艺又暖心的咖啡馆，是否能够战胜“功利”的竞争对手？

第8章

先发制人，巧妙引导评论趋势

Dealing with Reviews Preemptively

★★★★★

与其守着电脑或手机等待新评论，还不如做一些真正能提高好评率的事情。

在我写这一章时，杰伊的锁克星获得了171条评论，且几乎都是5星好评。关于邀请顾客评论一事，杰伊和Yelp网的意见一致，都认为那种做法很“差劲”。Yelp网的内部人员达内尔·霍洛韦（Darnell Holloway）提醒说，如果商家过分积极地要求顾客给好评，很可能会得到那种千篇一律、毫无说服力的留言，同时也会让对方心生厌恶。

不过，并不是所有的点评网站都赞成Yelp网的观点。猫途鹰的商务部网页上有一款叫做“酒店直通车”的软件，其特色功能之一就是，它会在顾客退房之后，自动发送一封电子邮件到他们的邮箱，邀请他们去猫途鹰上撰写评论。在意识到增加评论数等于提高销量之后，好几家美国电子商务网站也开始向买家发送点评请求。然而，猫途鹰倡导顾客点评的做法并没有得到所有人的认可。霍洛韦就认为："猫途鹰的做法会让顾客产生被利用之感，这种感觉很可能抹除之前优质商品和服务留下的好印象。"在众多商家绞尽脑汁赢好评的同时，另一些企业主则完全弄错了重点。

直到 2010 年 iOS4 操作系统问世，我一直认为苹果 iTunes 商店那项"对删除应用进行评论"的功能非常莫名其妙。顾名思义，"对删除应用进行评论"功能是当你删除某款应用程序时，屏幕会弹出一个对话框，请你为被删除的应用评分。

拥有业内最先进营销思维的苹果公司，凭借该功能为苹果商店收集了大量评论，严格说来，是大量意见一致的差评。事实上，当选择只向删除应用的消费者发出评论邀请时，苹果公司就应该想到这样的结果，毕竟评论者要么已经厌倦了该应用，要么从一开始就不喜欢它。

明知故问："你从哪里找到我的？"

可是，如果不主动要求，又该如何获得好评呢？对此，杰伊分享了一些经验。虽然他不会明确要求顾客评论他的产品和服务，但他会想方设法地将话题引到网络评论或者点评网站上。例如，当杰伊帮一名被反锁在门外的顾客打开其通过空中食宿网（Airbnb）租的公寓时，首先会问对方是如何找到锁克星的。事实上，像这种通过房屋出租旅馆网站找到短租房的外地人大多不熟悉周围的邻居，他们寻找服务的方法只能是网络搜索。

所以通常顾客都会回答杰伊“是 Yelp 介绍来的”。接下来，杰伊就会像对待他的所有顾客那样，不厌其烦地给他们推荐附近出名的餐厅和景点。在聊天的过程中，只需稍稍向顾客说明好评对锁克星十分重要，并且耐心友好地对待他们，顾客就会想要做些有益的事情来回报杰伊。

假如杰伊接到的工作是给一家本土住户开锁，他也会做同样的事。简短的寒暄之后，杰伊会问对方最喜欢的餐厅或酒吧是哪家，然后再分享一些他的最爱，以此建立融洽的关系，这样顾客才会在锁被打开之后，想着上网给锁克星好评。

> **公布网络评论还有另一个意外收获：这种透明度极高的公开展示有效提高了整个组织的责任意识。**

其实，还有许多获得好评的方式，41 酒店就做得不错。虽然我从来没有接到 41 酒店的评论请求，但是我很清楚网络评论对他们的业务有多重要。

41 酒店的图书馆总是被温馨惬意的气息笼罩：在伦敦典型的阴雨天里，雨滴轻盈地落在中庭的玻璃天花板上，室内两个大壁炉温暖明亮，每当有人走过，有一定年岁的木质地板发出宁静的咯吱声。图书馆正是这家小型精品酒店的社交中心。与伦敦的大多数酒店一样，41 酒店的标准客房面积偏小，可是由于我大部分时间都泡在图书馆，狭小的客房并没有给我造成任何不便。因为常住在那里，我得以观察41酒店何以保持这么多年的全行业第一。

酒店经理安德鲁每天的第一件事就是来图书馆与客人攀谈。“我相信您在这儿度过了愉快的一天？”“周末您有什么计划吗？”“我们可以为您安排吗？”与你在其他酒店需前往服务台自行咨询活动不同，41酒店的员工会主动询问客人，并提前预测客人需求，更难得的是，这些工作都以一种非常微妙的方式完成，不会让顾客产生被干涉的感觉。事实上，顾客与酒店员工之间的对话，就像与自己的朋友和家人交流一样轻松自在，从入住酒店到办理离开手续再到上猫途鹰提交一条真诚的好评，所有这一切都像是交流的一部分。

从41酒店身上我得到了一条启示：**企业应该将提高好评率作为经营目标，而实现目标的最佳方法之一就是在顾客点评前就介入，而非已成定局之后，也就是说不要在得到差评之后才想到辩解。**

网络评论不应该被简单地看作顾客留下的一句话，它有更大的语境，它开始于顾客与企业的第一次接触，结束于企业主因获得好评而对顾客的感谢。产品和服务的质量、全体工作人员与顾客的互动方式，都会影响他们参与点评的积极程度。

网路评论的出现也为口碑营销提供了一个新的入口。通过网络评论，理发师不精的手艺、餐厅不合格的环境或者酒店堪忧的卫生状况被一一揭露、放大。所以，从某种程度上讲，那些来自你社交网络上的“好友”推荐也十分值得信任。

往顾客的咖啡里加入情感“方糖”

加拿大阿尔伯塔大学教授萨拉·穆尔（Sarah Moore）做过一项调查，专门研究评论者的心理以及撰写评论对整体消费体验的影响。虽然有关口碑与传播的实验有很多，但口碑营销如何影响信息传播者的研究还十分少见。萨拉在调查中发现，**基于消费性质的不同，强化某些信息有可能强化或抑制研究对象的情绪**。

为了验证她的发现，萨拉做了几项实验。在第一个实验中，她利用亚马逊网站上小说类图书买家的评论，分析了解释性语言和非解释性语言对评级的影响。

所谓解释性语言是指这样：“公认的畅销书，我也买一本看看。”而非解释性语言则像这样：“我在网上买的这本书。”她发现极端的1星和5星评论中极少包含解释性语言，而折中的3星评论则多选择这样的表达。

在第二个实验中，萨拉让102位学生各自描述一次愉快的经历，例如看电影、度假或者聚餐等，然后要求他们以短文的形式解释为什么那次经历很愉快。实验之后，萨拉发现在那些能够详细说明经历为什么愉快的短文中，并没有太多可以用来进行口碑营销的词汇和表达。

在最后一个实验中，研究对象需要就享受型和实用型的体验分别撰写网络评论。研究对象被分成了两组，一组被要求更多地使用解释性语言，而另一组需要使用非解释性语言。实验发现，那些用解释性语言描述享受型体验的人，评分都很居中，而用非解释性语言描述的研究对象给出的评论往往高于服务的实际质量。

实用型体验组的结果与享受型体验组正好相反，在实用型体验组中，解释性语言让研究对象给出的评分略高于实际状况，对劣质产品的评分则低于实际状况，而非解释性语言让所有产品的得分都比较居中。

在解决如何进行口碑营销、哪种广告语更有利于建立好口碑之前，我们最好先弄明白怎样的交流和营销才能赢得好评，减少差评。总结了实验结果之后，萨拉建议商家先搞清楚自己所提供产品和服务的类型，诸如酒店、餐饮、电影、音乐等属于享受型，航班、USB 驱动器、就医治疗等都是实用型。

如果提供的是享受型的产品和服务，而且顾客很满意，那么与他们交谈时，你就不应该使用解释性语言。因此，当顾客说你家餐厅的菜很好吃时，你最好不要大聊烹饪方法，而是总结性地说你为他们能有如此美妙的体验感到高兴。但是，如果顾客觉得饭菜很难吃，你最好具体说明整家餐厅的运作细节以查找可能出错的环节，让顾客更加了解你的餐厅，进而缓解负面情绪。提供实用型服务和产品的商家反过来操作即可。

培养顾客口口相传的习惯并不容易。**想要维持顾客那份上网与大众分享经历的热情，要求商家对点评者的体验以及由体验触发的情感类型了如指掌**。许多商家可能认为管理顾客评论只意味着回复差评或者感谢好评，不过萨拉的研究显示，在提供实际服务之时就展开交流更有利于提高好评率。

根据萨拉的观点，提供实用型服务的企业主，诸如锁克星的杰伊所采用的交流策略，如果理发师马修借来用就不会产生积极的效果，因为后者提供的顾客体验更倾向于享乐。

萨拉的研究还表明，点评者描述体验、发表评论的过程都会出现一定程度的失真，到底是贬低还是拔高体验取决于体验的类型以及他们的表达方式。这就意味着，商家与顾客的对话以及撰写网络评论本身都会影响他们对体验的看法。

你大概还记得你吃过的最好吃的蛋糕是什么样的，如果有人问你为什么喜欢它，你可能会说因为它有很多巧克力，因为它特别松软之类。根据萨拉的研究，解释你为什么喜欢那款蛋糕的过程中，你会不自觉地找出诸多合理原因，会逐渐地将“喜欢”这一缥缈的感觉具象化、实体化，这时候你的关注点就会被转移到蛋糕为什么好吃而不是它好不好吃的问题上。

商家与顾客交谈的内容可以影响对方点评的几率和评论内容。如果你是一位正在巡视店内情况的餐厅老板，萨拉会建议你走近餐桌，与每一桌的顾客寒暄，评估顾客对食物以及服务的整体感受。如果顾客吃得很享受，而你又希望他们维持当下的正面评价的话，可以通过口头交流的方式加深他们的好感。

例如，一句“您能喜欢，我很高兴”就多争取了一个将好感转化为好评的机会，而向顾客解释为什么那道菜那么好吃则是不可取的做法。因为这样的话，顾客就可能在点评时转述你说的焦糖布丁的配方，而在这个过程中他们原本对甜点的好感或许就会消散殆尽。某位顾客对食物很失望时，正确的做法是向其解释食材、烹制方法等。面对负面评价时，大多数老板会以补偿顾客作为挽救手段，实际上你可以向前多迈一步，通过寻找让他们失望的原因来淡化其负面情绪。

> **好评中出现语法错误，会导致旅馆的网络预订率下降，而如果类似错误出现在差评中，反而会提升旅馆的预订率。**

除了强化正面享受型体验，用心对待工作的每个环节同样可以提高好评率。譬如，如果你希望顾客记住你的咖啡店，首先要先记得每位顾客的名字和他们喜欢的口味。这就相当于向你的咖啡加入情感“方糖”，这样就会与顾客建立一个简单的连接。向每个工作环节注入情感的方式，在享受型服务和实用型产品中一样适用。

前文提到的乔纳森·拉吉特处理好评的方式也符合萨拉的研究结果。乔纳森的顾客对那道鱼的评价本身就很高——至今吃过的最美味鱼料理，确认顾客的用餐情况之后，乔纳森又提了一个让顾客专注于正面情绪的问题，于是他们一起重温了往日美好的回忆。随后，在顾客给出的网络好评下面，乔纳森公开表示了感谢，说谢谢他告诉自己那是他吃过的最好吃的鱼料理。除了回复差评，乔纳森・拉吉特更重要的工作是加深好评顾客对酒店的好感度。

解释性语言在弱化负面享受型体验的同时，容易让实用型体验两极化。如果你们公司主要提供实用型产品或服务，深入谈论某次积极体验的细节，相当于填充了评论者解释该项产品或服务如何之好的语言弹药库，同样地，对负面体验的细节避而不谈，则可以防止进一步加深评论者的反感。

例如，如果你经营的是一家 USB 拇指驱动器销售公司，那么当购买者具体谈论你们的 U 盘在规格、存读速度或外形设计优于别家时，就说明你很有可能获得一条好评。锁克星提供的也是典型的实用性服务。在这类服务中，如果出了差错，最佳的解决途径是详细解释刚刚发生的一切，以及你打算采取的补救措施。如果杰伊某天因为心情不好而工作失误，他最好能提供自己试图调节情绪的细节以获取顾客的谅解。诸如此类，正确把握客人的情绪状态，并根据消费类型采取得当的谈话方式可以有效地提高好评率，缓和差评的破坏力。

捅破窗户纸，主动要求评论

商家是否应该主动提出点评请求，可能是网络评论研究中最具争议的问题之一。有不少点评网站一直在积极寻求消费者的反馈。从苹果 iTunes 商店购买应用程序，会收到点评提示；读完 Kindle 版电子书，亚马逊也会发来评论邀请。2013 年，猫途鹰与合作酒店甚至专门成立了一个项目，用电子邮件向酒店顾客展开轰炸行动以获取更多评论。

苹果公司、亚马逊网站和猫途鹰为收集评论而做的努力，似乎赋予了其他企业主采取同样举措的权利，但事实并非如此。关于这个问题我曾询问过那些评论星级很高的企业主，他们都明确表示不会主动要求评论。

想象一下，当你刚吃完一顿大餐，或者享受了一次不错的售后服务，这时餐厅的服务生或者客服人员就上前请求你给他们写评论，他们的举动难道不会破坏你刚刚的美好感觉吗？**就像指尖点破肥皂泡一般，点评邀请会在一瞬间抹杀之前苦心营造起来的好感，甚至产生被利用感：他们究竟是把我视为客人，还是换取一条5星好论的工具？**

如果不主动邀请顾客写评论，那又该如何获得评论，甚至好评呢？实际上，邀请的方式有多种，而很多事情只需稍稍推动，它就会自行发展下去。锁克星的杰伊在与顾客互动时，会在闲聊中发现恰当的时机：先根据客人的年龄来判断对方是使用Yelp网还是Angie’s List网找到自己的，然后问对方在网站上找到过哪些喜欢的餐厅、酒吧等。可以说，杰伊的方法非常巧妙，他将谈话自然地引向点评网站的同时，也将自己与点评网站联系起来，更重要的是，与顾客交流对方的喜好既加深了他们对自己工作的肯定，也会给顾客带去本次服务也同属“喜爱的事物”之列的心理暗示，这样客人在点评网站上留下好评的几率就会大大提升。

第 8 章

先发制人，巧妙引导评论趋势

Dealing with Reviews Preemptively

当今社会，与消费者交流沟通的渠道多种多样，电子邮件、Twitter、Facebook、Instagram 等应有尽有。在执行完一整套网络评论应对策略之前，你必须明白点评可以通过任何渠道完成。在经历糟糕的消费体验之后，顾客除了可以去 Yelp 网或 Google+ 发表评论，还可以直接在 Twitter 上发泄不满，正如你会在 Instagram 或 Facebook 上发帖晒美食一样。

“不管商家与顾客在 Facebook 和 Twitter 上怎样相谈甚欢，也很难将线上的好感转换成线下的收益。研究数据也表明，社交媒体促成的交易量不足线上总交易量的 1%。”

幸好诸如 Facebook、Twitter 这样的新媒体可以设置消息提醒，这样你就可以知道大家在何时讨论你的品牌、产品或服务。当博尔特理发店收到一条 1 星差评时，马修采取了符合自己品牌形象的极端营销方法：把那条差论发布在他的 Facebook 上，并询问“粉丝”该如何回复。一时间响应者无数，随后，他选择了一条他最喜欢的，作为店家回复发表在 Yelp 网上。

当网络评论蔓延到其他平台之后，你依然要牢记第 7 章中回应差评的五个步骤，尤其要保持真诚公开的态度。无论是在 Yelp 网、猫途鹰还是 Twitter 或 Facebook，你都应该坚守公司宗旨并大力宣传。消费者的主动关注将是你满足需求、宣传公司的大好时机。条件允许的话，你还应该建立起良性循环机制，在公司的 Facebook 页面插入 Yelp 网点评链接，将 Facebook 的状态同步更新到 Twitter 的状态栏。如果某位顾客给了一条 5 星好评，而你恰好知道他的 Twitter 账户的话，可以试着发条感谢信息。最后，持续关注并利用社交媒体提高你的曝光度。

EVERYONE'S A CRITIC

第9章

双赢的商业关系：不仅是顾客，还是朋友

面对一上午只点一杯咖啡的客人和来吃午餐的四口之家，老板要如何选择？赶走先来却消费少的前者，还是让后来却带来更大利润的后者干等着？

通过贯彻待人如己的理念，四季酒店在全球38个国家备受赞誉，而为适应评论经济时代，他们又提出了什么新的服务策略？

第9章
双赢的商业关系：不仅是顾客，还是朋友
Business Among “Friends”

★★★★★

在网络评论时代，顾客的意见影响着企业的盈亏，这让许多企业主意识到他们应该像对待家人或朋友那样对待他们的顾客。而消费者也可能已经察觉到，越来越多的老板正试图模糊商务往来与朋友交往之间的界限。这似乎是赢得好评，减少差评的有效方式，因为朋友通常会手下留情，不会故意用差评来破坏你的生意。

绝大部分企业主深谙此道，于是他们真心实意地把客人当朋友对待，但最终发现朋友策略也有弊端。因为说到底商家与顾客之间依然是买卖关系，一方提供产品和服务，另一方支付酬劳。反过来，如果把朋友当做顾客对待同样不奏效，肯定会惹来亲密伙伴的不满。为收集写作资料，我再次造访了罗马咖啡馆。在熙熙攘攘的咖啡馆的后院，艾琳利用休息时间与我聊起天来。当我们谈到最近罗马咖啡馆收到的网络差评时，艾琳说道：“反正我是不会做出那种事。我不明白，如果他们对我的服务有意见，为什么不直接跟我说呢？就是有些人喜欢在点评网站上抹黑你。”

这间坐落在小型购物中心旁边的罗马咖啡馆，现已成为中年意大利裔美国人经常光顾的地方。从布局上看，罗马咖啡馆似乎想要迎合所有年龄层顾客的需求。大厅正中央以及大厅外那片“上网区”通常会被二十多岁的年轻人占据，桌上的笔记本电脑连着咖啡馆提供的免费 Wi-Fi。临窗的座位是双人桌，正坐着一对夫妻，他们正悠闲地陷在沙发里玩手机，下巴支着胸口，脖子弯得老长。我很好奇，他们是跟各自的朋友发短信呢，还是懒得说话正用短信聊天呢？当我们谈到网络评论带来的挑战时，艾琳的目光定在了那些分散在大厅里的远程办公者身上。

从罗马咖啡馆出发，向南走 100 米的地方就有一家星巴克，向北走不到 800 米还有一家。那里塞满了远程办公者，点一杯拿铁之后，他们就会捧着笔记本电脑、智能手机在那儿待上一整天。对拥有一万八千多家门店的星巴克来说，成为顾客家庭和工作以外的“第三场所”是件可行性极高的事，但家庭经营式的个体老板艾琳可没有办法承担如此奢侈的服务，也因此她收到好几条 1 星差论。那是艾琳与“蹭网族”斗争后的结果，他们占着最好的桌位却不能带来多大收益，老板当然不干了。随着正午时分的临近，罗马咖啡馆里开始挤满吃三明治、沙拉和意大利面的顾客。

“一个只买了一杯咖啡、从一清早坐到午餐高峰期的家伙占着一整张桌子，而另一个四口之家却因为没座位而只好干等！”艾琳开始讲述最近发生的一件事，当时也是午餐时间，那位顾客占着一张四人桌，而另外一家四口正拿着食物等位子。艾琳礼貌地请那位顾客转移到另一张小一点儿的桌子上时，他愤而离开了。

几天之后，罗马咖啡馆收到了一个叫“皮特 ·M.”的人的 2 星评论：

> 大家注意啦！那些人是“屠杀”Wi-Fi 使用者的“纳粹党”。我可以说已经是那里的常客了，请注意我是“客”。我去那里的次数没有 10 次也有 8 次了，而且每次去都会买一堆吃的喝的。上一次，我去那里的时候一位经理模样的人不断骚扰我，强迫我消费，甚至我才待 1 小时就赶我走！

艾琳有两个选择，要么放弃午餐盈利以满足彼得 ·M 一类的顾客，从而保住罗马咖啡馆的网络声誉，要么让彼得之辈离开，然后努力应对网上的各种差评。

不止艾琳会陷于这样的两难境地，酒店行业也存在类似的问题：如何平衡顾客好感与利润？虽然提供高水准的服务是艾琳的经营策略，让每位顾客都觉得他们是罗马咖啡馆大家庭的一分子是她的愿望，但如果某些顾客硬要艾琳切换到星巴克那样的商业模式，她也只好接受差评请“蹭网族”挪一挪位子。

如何与星巴克抗衡：驱赶“蹭网族”

美国杜克大学行为经济学教授丹 · 艾瑞里（Dan Ariely）在

其畅销书《怪诞行为学》(*Predictably Irrational*)中探讨了“社会规范的成本”问题。按照艾瑞里的说法,“我们同时生活在两个不同的世界:其中一个世界中占上风的是社会规范,另一个世界则是市场规范说了算。”正如艾瑞里发现的那样,当你试图将商业规则运用在社会关系中时,这段关系很可能就此终结。

露露欧洲咖啡屋(Lulu European Coffee House)位于美国康涅狄格州纽黑文市,店主露露·德卡罗内(Lulu de Carrone)注意到,她店里的常客对那群“使用笔记本电脑的家伙”越来越不满。此外,她还发现原本设想作为朋友聚会和交流场所的咖啡屋变得越来越安静,因为视线不离电脑屏幕的“蹭网族”占据了咖啡屋的大部分空间。

2012年,露露宣布咖啡屋不再提供Wi-Fi,也禁止使用笔记本电脑。结果出人意料,露露欧洲咖啡屋不仅没有引来诸多抱怨,反而在Yelp网上的好评率激增。一名叫盖尔·Z的评论者写道:

> 如果能抽出几分钟放松一下或者刚好在东岩附近,我就会到露露的咖啡屋坐一会儿。露露待人热情,且明智友好,她规定顾客不能在店内使用笔记本电脑,所以我们才有机会真正地沟通,有趣地交谈,或者在舒适的沙发里、靠窗的座位中品尝咖啡、点心,看看书,翻翻报,享受宁静时光。那真是一个神奇的小天地。

虽然禁网并不适用于所有咖啡店，但是露露的方法为所有企业主转变经营思路提供了方向。在无法同时取悦“蹭网族”和常客两类需求不同的客人时，露露找回了她开店的初衷，选择开一家能让人舒适歇息、用心交流的欧式咖啡馆。最终，露露和咖啡屋的核心顾客都对结局十分满意。

艾琳就没有露露那么幸运了，她仍在努力寻找解决方案以平衡午餐盈利与顾客好感之间的冲突。引用艾瑞里的话说：

> 面对企业主的你，我想提醒一点：鱼与熊掌不能兼得。你不能在这一刻像对待家人一样对待你的顾客，然后下一刻就变得毫无人情铁面无私，甚至把他们当成麻烦或者竞争对手。这不是维持社会关系的正确做法。想要建立亲密的社会关系，尽管努力争取，但是记住一点，在任何情况下，你的态度都必须前后一致。

网络评论和信息分享的影响力促使许多行业提高服务水平。但尽管高品质的服务是获得5星好评的关键，然而，决定评论星级的最主要因素是商家与顾客建立的情感连接，也就是好感度。

我家附近的餐厅开张那天，我与妻子曾一起去吃饭，而且我们是他们的第一对客人。帮我们点餐的年轻招待显然接受过专门的培训，知道如何与他的顾客建立强烈的情感连接。“你们是来我们店的第一桌客人……”在这句话说出口的那一瞬间，他就巧妙地界定了我们之间的关系：是商业关系，但又因为是“第一桌”所以有了特殊的情感连接。那位招待很友好，但我们还是客人，我们仍然被服务，那感觉就像是去一位朋友家做客。因为他的措辞，我对服务的期待和判断也起了变化。

现在，我们成了那家餐厅的熟客，我甚至觉得我们已经不再是正常、冷漠的商业关系，在用餐结束之后，我还想再多占用餐桌一会儿，我认为这是新朋友对我应有的照顾。但如果餐厅像艾琳对待“蹭网族”那样对待我，相信我会更加气愤，因为在我心里我们不是简单的商业关系，他们不该因为盈利而不顾我的感受。

当商家常常被要求差别服务时，正常情况下他们当然会选择疏远与顾客的朋友关系。而连锁酒店和零售商店等大型企业，就不会有类似的挑战。因为它们庞大的组织结构不利于与消费者建立真正的友谊，员工试图制造感情连接的举动也常常让人感觉很虚伪。另外，对大型企业来说，赢得好评并非一定要靠建立社交关系，即便是商业关系，同样能争取到好评。

超五星酒店的黄金法则

无论是伦敦 41 酒店、杰伊的锁克星、Veo 眼镜店还是其他获得了 5 星好评的商家，它们都有一个共同点，那就是为顾客提供一流的服务，但这并不是真正的成功秘诀。

对大多数企业来说，赢得好评之路上的第一项挑战就是如何定义优质的服务。杰伊在寻找锁克星经营之道的过程中，得到过一位朋友的指点，那位朋友曾经在五星级连锁酒店工作过，他向杰伊传授了优质服务的艺术。五星级服务中蕴含的大量细节令杰伊非常着迷，他回忆称："他们说话的方式、用词以及行为举止都很独特。"

鉴于服务质量是大多数顾客给好评的关键因素，我决定以提供顶级服务而闻名于世的四季酒店集团作为研究对象。四季酒店之所以能在全球 38 个国家、92 家酒店为顾客提供统一的优质服务，得益于酒店员工对酒店经营原则的严格服从。

四季酒店创始人伊萨多·夏普（Isadore Sharp）曾表示，"我们的成功没有任何神秘之处，不过就是遵守一条不受时间、地域、宗教和文化约束的简单准则。这条简单的黄金准则是：**用你希望自己被对待的方式对待别人，别人也会那样对待你**"。为了验证四季酒店工作人员是否真的如此，我拜见了四季酒店集团旗下的一家度假酒店的总经理。

约翰·奥沙利文（John O'Sullivan）从 1995 年开始就为四季酒店服务。当我问他猫途鹰之类的点评网站的出现是否为其工作带来变化时，他回答说"其实没什么影响"，并暗指黄金法则也没有变化，他依然会向每位员工讲解遵循黄金法则的必要性。不过，他提到确实有一件事情发生了改变，那就是点评网站出现之后，顾客拥有了海量信息。

有别于许多老板对网络评论的对抗态度，约翰认为"这是对信息的共享，越来越多的消费者会为网络评论而开心或者苦恼”。他认为网络评论是企业与顾客真正对话的开始。

约翰进一步解释说，过去顾客也会经历美好的体验和糟糕的体验，但是作为总经理，除非顾客主动反馈，酒店几乎不可能接收到对方的评价，而随着网络评论的逐渐普及，他开始有机会与所有撰写网络评论的顾客交流。不过，约翰也指出，**在猫途鹰上获得好评并不是酒店行业的终极要义，点评网站不过是顾客和酒店相互沟通的工具罢了。**

约翰提出了一个很棒的观点。对社交媒体的关注与四季酒店同样重要，于是他们专门雇用了一家服务外包公司，负责实时监控社交媒体上与四季酒店有关的一切消息，并在第一时间通知酒店员工。鉴于四季酒店在客户服务方面的不凡成绩，我请约翰为商家写了几条点评网站的使用建议。以下是我对他意见的总结：

步骤 1　适应顾客的沟通习惯

适应顾客的沟通习惯是四季酒店员工遵循的一条重要原则。约翰说：“过去，大多数顾客有了问题或者需求会直接去酒店前台或接待处反映。现在他们则选择在 Facebook 或者 Twitter 上进行咨询。”例如，如果某位在泳池边休息的顾客想喝饮料的话，他会通过 Twitter 通知工作人员。而对以满足顾客需求为第一要旨的四季酒店来说，无论需求来自 Twitter、猫途鹰、Yelp 网还是电话，他们都会尽全力满足。

步骤 2　虚怀若谷，不断精进

据约翰所言，求知欲和寻找改进空间的热情已经深入四季酒店员工的骨髓。当被问到酒店管理层对网络评论的态度时，约翰称由于努力寻找改进空间是大家的共识，所以几乎从点评网站刚刚兴起的时候开始，他们就选择敞开怀抱接纳顾客评论。当影响、诋毁公司形象的差评出现时，老板和经理的自然反应通常是气愤、怨恨，甚至矢口否认进而干脆彻底忽视。

然而，四季酒店并不存在上述状况，对他们的工作人员来说，回应社交媒体上的差评与在酒店里遇见一位不开心的顾客并无二致，他们非常乐意为对方做些更值得高兴的事。作为总经理，约翰比四季酒店的工作人员做得更多，他不仅赞成下属应对差评的方式，更在求知欲的激励下自觉探寻问题的症结以及更有效的改进措施：哪种情况下员工做些什么才能更好地挽救呢？最重要的是，我们能从这些差评中汲取哪些经验教训以完善服务呢？

步骤 3　升级黄金法则

伊萨多·夏普的黄金法则是提供优质服务的基石。遇到差评时，请站在顾客的角度想想，难道你不希望酒店做好他们的本职工作好好服务自己吗？作为提供服务的商家，你有拼尽全力地挽回局面吗？你有及时改正、完善服务吗？

对任何一家想要改善客户服务的企业来说，遵循黄金法则是非常重要的第一步，但是随着消费者社交方式的转变，四季酒店的黄金法则也需要更新升级。社交媒体赋予了消费者表达个性的权利，这意味着顾客和酒店有机会用同样的视角看待服务，显然对酒店来说这是一项重大的挑战。

总体来说，黄金法则依然适用，但是夏普的“用你希望自己被对待的方式对待别人”所指，并不像50年前它刚被提出来时那样明确。自四季酒店建立以来，社会规范、人们的行为准则、顾客与酒店与世界交流的方式都发生了巨大的变化。关于“希望他人如何对待自己”这个问题，21岁的学生和65岁的退休人员的观点显然不大相同。社交媒体相当于顾客的扩音器，可以向任何愿意倾听的人传播他们的不满和感谢。在多元化的世界，死板地运用黄金法则似乎有些不合时宜。

在与安德鲁交谈的过程中，我注意到一位酒店顾客在游泳池边大声打电话，他旁边坐着一对显然正在度蜜月的夫妻，噪音对他们的打扰不言而喻。很快，忍无可忍的丈夫示意泳池服务员来处理这一状况。黄金法则要怎么帮助那位泳池服务员做出正确的抉择呢？满足那对夫妻的期待要求打电话的顾客去别的地方，还是理解打电话顾客的处境呢？

实际上，就在那个泳池不远处还有一个相对安静的泳池，小两口完全可以去那边的躺椅上晒日光浴。这类似于罗马咖啡馆面临的问题：既要为买了午餐没位子坐的一家人服务，又要顾及没花多少钱还占着一大张桌子的“蹭网族”的感受。

这不是一两句简单的说辞就能解决的问题，但是网络评论尤其差评确实为企业主提供了有价值的参考数据，帮助他们理解顾客心理以及其能接受的被对待的方式。与其花大把时间哀叹世风日下人心不古，不如积极适应日新月异的社交互动。研究网络评论、进一步理解顾客心理之后，或许你就会发现这条升级版黄金法则：**用他人希望被对待的方式对待他人。**

近年来，诸如高朋网和社交生活网（Living Social）之类的团购网站的出现，又向黄金 2.0 法则发起了新的挑战。优质的服务也许能帮助商家赢得顾客，但是大幅度打折让利却会将已有的社交关系商业化。

拉拢意见领袖，留心优惠券影响者

邮箱被各种团购券、优惠券塞满似乎已成为常态，来势汹汹的团购、打折让商家与顾客间的关系变得更加复杂。打折、团购的初衷是为了拉拢顾客，但许多商家发现开展优惠活动之后，他们的平均点评率居然下降了。2008 年 11 月成立的高朋网是美国最早的团购网站之一，它用一种基于社交网络的优惠券来吸引顾客，使用优惠券的前提是该产品或服务的买家人数足够多。

一开始，高朋网的做法大受欢迎，吸引了大量新顾客，数量多到甚至让提供团购券的商家不堪重负。当商家试图调节冲突、既拉拢消费者又不负担过重时，出现了一个有趣的“高朋效应”：无论商家何时提供团购券，他们在点评网站尤其是 Yelp 网上的评论星级都不增反降。通过分析 Yelp 网的数据，波士顿大学教授约翰·拜尔斯（John Byers）和他的同事提出了一份有关评论星级下降的根本原因的报告。他们测试了以下几种可能的原因：

- 内在固有原因，即评论星级下降与团购活动完全无关；
- 作为一个团体的消费者会变得更加挑剔；
- 消费者质疑提供团购的商家的动机；
- 团购订单量太多商家招待不周；
- 商家区别对待团购消费者与正常消费者。

拜尔斯发现 Yelp 网上来自高朋网的用户不像其他评论者那么尖锐，他们的评论一般会很长很详细，这刚好符合评论浏览者的习性——相比之下，他们更青睐和信任字数较多的评论。

拜尔斯认为"高朋效应"产生的一个主要原因是商家不诚信。相对于普通消费者，商家对待团购消费者的态度确实更差。他对这一原因着实不太能理解：既然商家提供了团购券，愿意用更优惠的价格吸引顾客，又为什么出尔反尔态度恶劣呢？这完全违背了自己的初衷。

提供团购券的商家也有自己的发现。商家注意到高朋网用户的购买目的和行为都非常明确，尤其是那些专门寻找优惠的消费者，他们在团购之后通常不会再去消费第二次。于是当商家发现顾客手持团购券，就会知道不可能从他们身上挣回更多利益，于是便不再额外关心他们，以免额外增加沉没成本。

此外，还存在拜尔斯并未做实验证明、但也不是完全没可能的一种解释：老板招徕顾客的同时可能忽略了员工的利益。一家餐厅向消费者提供团购券可能引起消费者和员工之间的内在冲突，因为服务员的主要收入来源是小费。当商家提供五折甚至更低折扣的优惠券时，服务员的小费也可能减少一半。

随着团购网站以及零售商优惠券的大量出现，美国渐渐成为一个"优惠券社会"。益博睿公司的数据显示，美国优惠券使用人数占全美总人口的18%，这样一个特殊的消费群体构成了网络点评的主力军。我们称这18%的消费者为"优惠券影响者"，他们的年龄大多在18～34岁之间，通常都是小孩的父母，这个群体与我们在第4章中讨论的"地位追求型评论者"有部分重合。优惠券影响者的宗旨是"我一定要拿到最优惠的优惠券"。

优惠券影响者相信他们影响了其他人的消费行为。根据益博睿公司的数据，优惠券影响者热爱冒险，比其他人遭遇恶劣消费体验概率高2.3倍。与一般团购顾客不同，如果商家知道他的这位顾客是优惠券影响者，商家往往会特别留心，因为优惠券影响者随时会有拿出手机登录Yelp网，欢欣鼓舞地告诉所有人他刚收到了优惠券，或者怒气冲冲地把在店里遭受的恶劣服务公之于众。

我曾请教过罗马咖啡馆的艾琳对团购优惠的看法。她说罗马咖啡馆从来没有提供过团购优惠券。显然在这方面艾琳是保守派，她相信与顾客面对面的交流比通过回复网络评论来互动更好，然而不可回避的是，消费者与商家的沟通方式正在改变。

艾琳也许永远不会为了招揽生意而派发优惠券，可是这不能阻止点评网站、团购网站为其他提供价格优惠的咖啡馆打广告。如果让艾琳分析罗马咖啡馆的网络评论，她最终只会将注意力集中在那些差评上，从而很可能无法得到全面的分析结果，因此我自告奋勇地替她浏览网络评论，然后得出了我个人的分析报告。

除了是咖啡馆的老板，艾琳还是位母亲。每天下午 3：00 之前，艾琳都会待在店里，之后她会去学校接孩子放学，所以需要把咖啡馆交由她的经理负责一段时间。

为研究罗马咖啡馆的网络评论，我在那里待了整整一个下午。让我备感困扰的是大家对罗马咖啡馆的评论呈现严重的两极分化。在多数人热情洋溢地称赞艾琳和她那过目不忘的记人名才能时，其他人则批评了招待员的服务不周以及驻店经理的粗鲁态度。

那天下午 3：00 一过，我就发现了事情的蹊跷之处。或许是午后的关系，员工的状态相较于上午有所放松，室内的音乐似乎更大声了，不如之前的悦耳，在我离开咖啡馆时，看见一位员工正坐在柜台后面玩手机。几周之后，我与艾琳再次会面。我如实谈到她不在店里时咖啡馆的另一番经营状况，因为有些差评清晰地描述了下午咖啡馆运营不畅的情景。渐渐地，艾琳对监督评论的工作有了兴趣，最终她宣布是时候召开一场员工会议了。

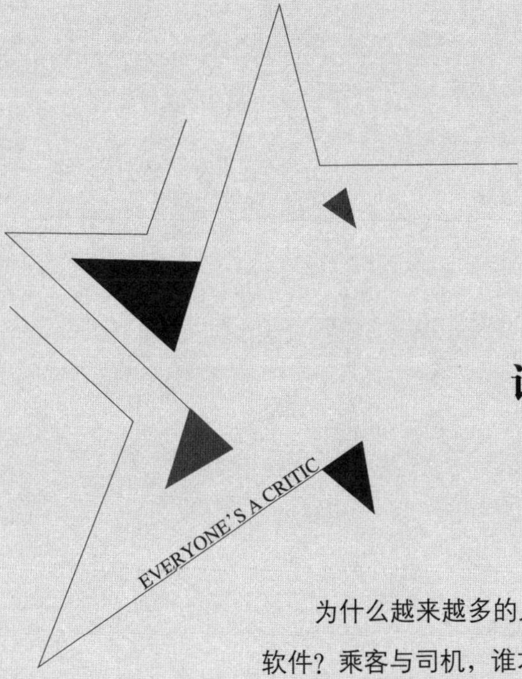

第 10 章

评论经济，利益均沾

为什么越来越多的人放弃招手打车，转而选择打车软件？乘客与司机，谁才是 Uber 的受益者？

一如新媒体改变了营销世界的格局，评论经济又将带来怎样的机遇和挑战？

第10章

评论经济，利益均沾

The Future of Reviews

★★★★★

走出纽约联合广场的W酒店，我扫了一眼公园大道，没有空的出租车，不巧的是，酒店门童也不知所踪。当时是下午3：30，我意识到如果不能马上叫到车的话，很可能要赶上下班高峰期，那样的话原本35分钟的路程将最少延长30分钟。我决定试试手机打车软件Uber。

很快，优步回复我说司机就在马路拐角处，不到3分钟一辆黑色林肯就停在了酒店门口。根据Uber上的信息，我还得知司机罗伯特拥有整体评分是4.8星。

罗伯特下车帮我把行李装进后备箱时，我坐上宽敞的后座，伸展开四肢。不得不说，纽约传统出租车的后座构造对一位身高180厘米的壮汉来说着实狭小了些。罗伯特与出租车司机一样健谈，他们的言谈可以说是城市经济状况的晴雨表。我问罗伯特对Uber的看法。他说他几乎所有的生意都来自Uber，这大大缩短了他的空车时间，所以很高兴能有这样一款打车软件。

在我提到他的 4.8 星评分以及我正在写的这本书时，罗伯特显得兴趣十足，并表示如果评分低于 4 星，他将无法继续在 Uber 体系中生存。罗伯特解释了 Uber 的运作原理：司机可以从附近有需求的乘客中选择一个，但也可以选择拒绝。我打断他问："司机为什么要拒载呢？"他回答说："我们不是唯一被评论的对象。"一时之间我没明白过来，之后才恍然大悟。"难道说我也有一个乘客星级？"罗伯特点了点头。他有 9 秒钟决定是否回应我的打车请求，如果他不答复或者我的星级不够高，我的请求就会转给下一位司机。在我下车之后，Uber 会发来一个点评页面，供我评论司机，同时，司机也会收到类似的点评乘客的请求。

> **双向点评提供了信任。在 eBay、空中食宿网、Uber 和其他提供双向点评服务的案例中，交易双方的地位平等。此外，双向点评还提醒我们警惕"顾客永远是对的"这句话。**

我也曾与旧金山的 Uber 司机交谈过，他表示不会接受评论星级在 4.6 星以下的乘客。他的举动似乎与整个评论经济相冲突。

站在乘客的角度，我很赞成 Uber 对司机执行严苛的点评标准，正是如此我才没有受到司机的恶劣对待。然而，对司机来说，Uber 也产生了不那么积极正面的作用。旧金山的那位司机说："并不是所有乘客都讨人喜欢。"接着，他向我讲述了他的经历。当时他接受了一位乘客的打车请求，抵达乘客所在地之后他发现对方有 6 个人。在向其解释 Uber 不允许接载 4 人以上乘客的规定之后，1 星差评接踵而至，这让他曾一度无法在 Uber 上接活儿。

虽然充斥着恶意差评、商家利益竞争，网络评论依然在促进交易中承担着举足轻重的角色。在我与罗伯特的例子中，从我发出打车请求到上车，前后用时不到 3 分钟，而我之所以信任罗伯特是因为他有 4.8 星好评，罗伯特能高高兴兴地把钱挣了得益于他知道接载的乘客有着良好的打车记录。eBay 能蓬勃发展同样也要归功于在线点评营造的信任感。在传统市场中，哪个商家会在连顾客是谁都不知道的情况下，开诚布公、毫无防范地进行金钱交易呢？但事实上，eBay 每天的成交量达几百万次。

尽管挑战仍然存在，网络评论的准确性和可靠性仍然不能保证，公众对在线点评系统的非议仍然不断，但近几年中网络评论为消费者和企业带来的好处有目共睹。

既得利益者：更大更香的奶酪

更透明的市场环境

对锁匠杰伊来说，透明的交易环境、清晰的经营范围、明码标价对他的生意大有益处。经过网络评论检验的开诚布公，一方面让杰伊的锁克星比其他同行更有竞争优势，另一方面也帮助消费者做出更明智的决策。

更优质的产品

除了有助于打造透明的交易环境，网络评论还让商家更直观地感受到消费者对产品和服务提出了更高的质量要求，相应地，商家承担的责任也越来越重。在十几年前，商家可以通过广告建立品牌，但在评论经济时代，当消费者发现产品和服务的质量远低于品牌形象时，品牌贬值的幅度会更大、速度会更快。

更走心的服务

也许评论经济时代中商家最受困扰的是在透明度和责任感驱使下，市场会越来越商品化。所谓商品化是指原本不属于买卖流通和货币交换的事物，在市场经济中也转化或异化为可以进行买卖和货币等价交换的商品。在消费者几乎掌握了所有信息，并且确切知道商品的实际成本与竞争价格的市场中，消除过度商品化的最佳途径就是提高服务质量。街角的卖菜摊位，在蔬菜干净新鲜的前提下，如果老板待人友善、服务意识更强，就会让顾客买菜的过程更舒心，甚至优于在超级市场购物的体验，那么他免于商品化的概率就会提升。

理想状态下，当商家为了凸显自己而比拼服务水平时，消费者就能得到更好的服务。评论经济时代，优质的服务将代替品牌成为区分商家的标志。

虽然网络点评的体系依然不完美，市场仍然存在残酷的优胜劣汰，评论者的诚实度、利益冲突以及其他各种各样的挑战还会继续阻挠信息畅通，然而，好消息是有缺陷的市场正是最佳的实验场。科学技术、商家投入的大量资金和精力正带领我们朝着一个更加可靠的、评论驱动型市场迈进。

网络评论在让消费者得益的同时，商家也从中获利不少。

最终得利者：更多顾客，更准确的营销

抓住顾客的新渠道

过去，新客户的数量与商家的广告投入和品牌建设预算正相关，所以实力越强大的企业越有优势。**网络评论则开辟了第一条不受资金限制的吸引顾客的渠道，换句话说，能不能赢得顾客很大程度上由产品和服务的质量决定。**但并不是所有商家都能运用这一优势，只有那些灵活地与消费者建立关系，并懂得引导消费者给好评的商家才能从中获利。

随着点评平台的不断完善，虚假评论对消费者的误导性将逐渐降低，消费者基于质量做选择的机会将大大提高，其最直观的影响将是商家在广告方面的支出会显著减少。

完善的市场反馈系统

随着虚假评论的减少，评论经济将形成一个良性的反馈循环。这个循环可以帮助商家监控网络评论中的观点，从而更好地为消费者服务。久而久之，当顾客都在网上发表评论，顾客满意度之

类的调查将变得多此一举，商家管理员工、改进服务也就更方便更有目标，最终高好评率必然带来高收入。

并不是所有商家都能从点评平台的完善和发展中获利。透明度会让那些提供不尽如人意的产品和服务的商家付出代价，谁让他们只会按部就班地工作，而不懂得打造一流品质？从本质上讲，网络评论加剧了优胜劣汰，让适者生存的商业环境更残酷。

商业格局将如何变化，点评网站的未来会是怎样？网络评论将何去何从，又将出现哪些创新呢？

对评论经济的五大预测

预测 1　谷歌成为主导者

目前，各大点评网站的主要流量来源于谷歌。益博睿公司的统计数显示，Yelp 网上 82% 的流量来自搜索引擎，其中谷歌占比为 60%，雅虎和必应抢占了余下的绝大部分流量。谷歌还满足了人们对本地化信息的需求。

谷歌称，20% 的谷歌搜索是关于本地信息的查询。谷歌在新改善的商业界面中，专门打造了一个按地理位置划分的本地生活信息搜索和分享平台“谷歌地方信息”(Google Places)，强化了商家追踪和管理点评渠道的能力。

虽然谷歌的大部分收入来自搜索引擎的付费广告，但是它出现利益冲突的概率要远远低于 Yelp 网。2013 年，Facebook 也在企业的主页上增加星级评分项以提供在线点评功能，但是谷歌依然在消费者搜索方面具有极大优势。

预测 2 商家地位逆转：从单向被评到双向互评

在网络评论盛行之前，eBay 上促成交易的信任感主要由买卖双方的评论驱动。如今，点评驱动型商家，即基于买卖双方评论发展起来的公司不胜枚举。Uber 让司机给乘客评分的做法也会给点评体系增加一些有趣的动态平衡。

说到双向点评在驱动市场中的力量，就不得不提到近年才兴起的旅游房屋租赁平台空中食宿网。我想象不到还有比出租个人房产，甚至有些情况下就是你自己住的房子时更需要双向点评的例子了。

2011 年 6 月，一位叫“E J”的空中食宿网房东详细讲述了租客如何趁她出差的空当，洗劫公寓的可怕故事。除了将公寓翻了个底朝天，那名房客还偷走了许多贵重物品，包括 EJ 的各种证件。

> 他们在上了锁的壁橱门上砸了一个大洞，发现了我藏在里面的护照、现金、信用卡以及祖母传下来的首饰。他们还拿走了一台照相机、一台 iPod 和一台旧笔记本电脑，里面存有我的照片以及各种文档……可以说那是我整个人生的外部存储器。他们找到了我的出生证明和社保卡，甚至还用我好心允许他们使用的复印机机复印了那些文件！

事件发生之后没几天，空中食宿网就向 EJ 致歉，同时设立了一个 5 万美金的赔偿项目用以保障用户在空中食宿网交易期间遭受的任何损失。

虽然有赔偿金作担保，但是任何人在向完全陌生的人敞开他的家门时，心里肯定还是会有许多担忧。或许任何补偿措施都无法平复 EJ 曾经经受的恐惧，而交易之前就可查看、核实的网络评论可能会有所帮助。

正如 eBay 那样，双向点评提供了信任。在 eBay、Uber、空中食宿网和其他提供双向点评服务的案例中，交易双方的地位平等。

此外，**双向点评还提醒我们警惕“顾客永远是对的”这句话。**请想象以下情况，餐厅可以评论顾客：“小气鬼，没给一分钱小费”；酒店也可以批评顾客：“那个懒鬼把房间弄得一团糟之后又让迷你吧台狼藉一片，最可气的是在退房时连句抱歉都没说！”信息在交易双方之间如此自由地流通，看似荒唐可笑、很不靠谱，但是仔细想想，真的是这样吗？

网上订餐平台 OpenTable 会将一年之内预定餐位 12 次以上，并且准时出席的顾客升级为 VIP 会员。虽然，并不是所有餐厅都那么在乎顾客的守信度，但是在如今这个放弃预定餐位屡见不鲜的时代（在纽约，预定了餐位又不到的比率高达 20%），掌握顾客的就餐记录具有非常重要的意义。

从表面来看，OpenTable 的 VIP 方案不能算是严格的双向点评系统，但是考虑到顾客的 VIP 地位获得过程，那么至少在守信度方面，餐厅与顾客之间的反馈循环确实是顺利完成了。

传统的社会规范要求商家迎合消费者，所以让老板主动评论甚至拒绝顾客似乎不太可能。由于对商家来说，点评网站只提供了被评论以及自评的空间，没有公开的互动讨论板块，洛杉矶餐厅的老板诺亚·埃利斯（Noah Ellis）尝试了别的渠道。埃利斯被那群预定了餐位又未能出席的顾客气得火冒三丈，他们害得餐厅拒绝了许多其他直接上门的顾客。在 3 月一个忙碌的晚上，埃利斯发了一条 Twitter：

> 所有那些好奇为什么餐厅总是被预订一空，以及有时不得不等待很长时间才能入座的好心的客人们，你们应该感谢下面这些人。

接着，埃利斯列举了当晚预约却没有出席的 7 位客人的名字。一位 Twitter 用户回复说：

> 如果餐厅都能采取这样的措施，相信你们会赢得更多人的尊重。这完全是在颠覆 Yelp 网的做法。

并不是所有人都认为埃利斯将预约未到者“示众”的做法有趣。一些顾客在 Yelp 网上进行了反击。大卫·V. 写道：

我很爱吃你家的菜，每个月至少去一次，但是我认为你羞辱那些顾客的行为极其恶劣。既然这样你为什么不停止预订服务，只接受直接上门吃饭的客人？非常多生意爆满的餐厅都是那样做的，如此一来你就不用为客人没能如约出席而感到恼火了。我希望还能去你的餐厅吃饭，不过我也不是很确定，毕竟我不喜欢脾气暴躁的人。

Yelp网上也出现了一些与大卫·V.观点类似的1星差评，但是埃利斯那可谓破天荒的举动仍然引来各大媒体的疯狂报道，一时间餐厅名声大噪，预订的顾客更多了。

我不建议其他商家效仿埃利斯的做法，不过这家洛杉矶餐厅的大胆举动确实说明了部分企业主对网络评论这种不对等的交流方式提出了质疑。

不考虑社会规范的变化，对企业主而言，最好的做法是对评论本身进行点评。包括亚马逊网站、Yelp网、猫途鹰在内的许多点评网站都会请评论者对某条评论进行投票，评判它“有用”、“有趣”，还是“很酷”、“没有用”等，从而改善评论质量。

即使我们可以应对不对等信息带来的挑战，评论角度的问题也还是存在。在点评商家时，顾客通常会从个人经历出发。博尔特理发店的老板马修指出：**“事实上，大家评论的并不是商家，而是评论者的体验。”**我对马修的观点做一个小小的补充：消费者看待商家的角度奠定了大部分评论的基础。

剔除那些一眼就可识别的虚假评论和各种恩怨所导致的极端差评，那些基于不同角度而写就的真实评论将是企业主和商家面临的最棘手难题。从麦当劳到法国洗衣房餐厅，从 6 号汽车旅馆（Motel 6）到四季酒店，商家收到的各种评论时刻提醒着他们，“你无法总是让所有人都心满意足”。不过，这句格言也有了升级版，“一定有一款能解决所有问题的手机软件”。

迄今为止，解决顾客点评角度不统一的有效办法之一就是社交网络。在“我们的朋友可能与我们口味相近”的前提下，商家可以先为自己熟悉的顾客提供服务。通过越来越了解顾客的口味，商家将更准确地掌握大众的评论导向。

社交网络聚合公众主要有两大途径，第一种是点评网站为访问者和评论者提供了编织个人社交网络的机会，第二种是点评网站与 Facebook 相互连接，这样访问者就可以查看好友喜欢的酒店、餐厅或者商品。猫途鹰也提供了类似链接，所以在浏览酒店排名时也许就能发现某位朋友曾经光顾过。

如果是在现有点评网站上寻找解决之道，我们就绕不过评论者视角的问题。事实上，哪种视角的评论会影响受访者的决策完全是个人选择的问题，他选择认同某条评论可能仅仅是因为他喜欢其表达风格、欣赏其幽默，或者赞同部分语句。

另外，有一个 Facebook 链接也解决不了的问题。看看你的好友数量及来源就明白了，你的好友很可能是你的家人、朋友、高中同学、客户、泛泛之交、你在聚会上遇到的那个人或者朋友的朋友。他们中有多少人和你志趣相投，和你喜欢同类型的音乐、书籍、同一种口味的比萨、咖啡？所以用不了多久你就会发现，对普通消费者来说，将社交媒体与点评网站结合起来对选择更靠谱、更客观的评论毫无帮助。

预测 3　信息泛滥，隐私濒危

数据无处不在。消费者在社交网络、搜索引擎和各大点评网站上留下的大量信息，从另一个角度来看，也是有关消费者行为的数据，通过它们商家可以发现更大的商机。

在把握网络评论角度这一点上，大数据已经找到解决之道，从特定角度过滤或寻找评论后，你就会发现取悦某一类人并不是完全不可能。

我妻子洛丽常常用三角测量法（Triangulation）手动排查网络评论以最大限度获取正确的信息。下面我来谈谈三角测量法的运用流程。

在去夏威夷旅行前，洛丽首先登录了猫途鹰，寻找毛伊岛上评论最高的酒店。洛丽从过去的经验中总结出一点，就是并不是所有评论者对酒店房间、费用和酒店餐厅的评价标准都与我们相同，所以，她会先研究评论者的评论标准再一条一条浏览最新评论。人工排查会耗费数小时，因为大部分酒店都有上百条评论。如果点评系统能自动处理这种耗时的工作，不是更好吗？

正如我们从评论中见到的那样，在社交网络上搜索好友有用评论的回报非常有限，但如果搜索引擎和点评网站能利用程序算法来处理各种吐槽和好评，分析消费行为和喜好，相信结果肯定不是这样。不过就目前来说，我们与如此令人兴奋的未来之间仍屹立着几座大山。

阻碍商家利用消费者在线行为数据的最大障碍是，我们渴望隐私，特别是网络生活隐私得到保护。我们有理由相信，随着时间的推移，消费者会渐渐平衡对隐私的担忧与便捷的网络信息之间的利弊。如果能利用别人的消费经验迅速找到最佳的酒店、书籍、音乐或按摩师，消费者愿意牺牲多少在线隐私呢？

另一个阻碍网络评论被大量应用的问题是评论的准确性。实际上，不少商家抱怨说许多给差评的人并没有真的购买过产品或体验过服务。多年来，在线点评领域的几家初创公司曾试图建立有关核实评论的业务，但是鲜有成功者。

预测4　垄断被打破，竞争白热化

竞争可以解决很多问题。虽然Yelp网和猫途鹰曾一度垄断了网络评论市场，且现在仍然是该市场的核心玩家，但是随着经济发展，必然有新的竞争者登上舞台。

通过Google+，谷歌为我们提供了本地搜索服务，在谷歌地图上也可以查找周边的商家信息且附带网络评论。不过Google+通过提供本地产品信息获得的广告费只占谷歌收益的一小部分，大大降低了发生利益冲突的概率。Facebook 也准备进军网络评论市场。

2013 年，Facebook 在其商务和移动产品网站上增加了一个促进点评的功能，试图与 Yelp 网和 Google+ 竞争市场。Facebook 还宣布推出图谱搜索（Graph Search），用户可以按照业务类型进行搜索，例如音乐家、书籍等，用户甚至还可以将搜索限定于某个个体的视角，比如输入"娜塔莉娅 · 雷比茨卡喜欢的纽约餐厅"，然后得到值得信赖的朋友的详细推荐。Facebook 宣布上述消息之后，Yelp 网的首席财务官就公开表示：Yelp 网有意与社交网络巨头合作。

预测 5 "水军"更专业，识别算法更精确

毫无疑问，各类骗子、无良商家、差评师会继续写虚假评论，但未来将会有更多的人力、物力用来提高算法的精准度，有效识别、剔除欺骗性评论。除了现有的追踪 IP 地址和地理位置的技术之外，基于语义的新算法和过滤技术并非异想天开。网络评论的核心价值就在于准确、可靠，所以清除虚假评论的行动刻不容缓。

新竞争者和新算法提高了网络评论市场的进入门槛，后来者必须进一步解决评论经济遇到的难题。

咖啡馆老板艾琳和理发师格洛丽亚陷入了同样的困境，那就是科技正在改变或者说侵蚀着社会。过去，与商家产生了矛盾，消费者唯一的解决途径就是找老板和经理理论。现在，消费者可

以跳过这一关，直接向全世界宣告商家服务很糟糕、产品很难用。

虽然，人们匿名的文字交流取代面对面的沟通给艾琳和格洛丽亚带来了麻烦，但是理发师马修和锁匠杰伊却很享受这种改变。面对消费者通过点评网站与商家互动的新趋势，杰伊和马修选择接受挑战而非嘲笑或者无视它。坦白地说，我很能理解商家面对差评时的沮丧，尤其是那些由不可控因素带来的差评。

尽管不同商家对网络评论持不同态度，但我相信在这件事上各方会达成共识，那就是点评网站出现之后，商家拥有了大量可密切关注消费者变化、喜好、不满的数据和信息。

另外，我认为大家都不会反对这一点：未来充满新的机遇。基于对消费者的深度了解，商家有机会更准确地提高业务水平，那些清楚自己的终端客户、愿意为了那 5 颗星而加倍努力的企业将是成为最终的赢家。

英文亚马逊读者评论

EVERYONE'S A CRITIC

★★★★★ 如果你是一位小企业主，你一定要读这本书！如果你曾查阅过网络评论，你也应该读它！

A. Hermelin "a h" 2015 年 3 月 17 日

是什么让这本书如此特别？它的文风幽默，援引大量数据，探讨了几乎每天都会影响我们决定的一种事物——网络评论。我们中间有多少人没有自己的生意，并且从来不浏览网络评论？好吧，你们不需要这本书。剩下的超过 80% 的人赶紧去买这本书吧。这是一本轻松读物，内容很棒，而且我保证，这本书将教会你如何撰写与运用网络评论。

现在，我将把我对这本书的评论分成两部分：一部分写给商家，一部分写给普通消费者。

给商家：一定要读一读这本书！读完这本书花不了你几个小时，但它会让你知道为什么你应该留心顾客评论？是什么心态阻止你拥抱这种新兴但威力强大的事物？以及教你如何区分想做的事情和应该做的事情。本书第 5 章和第 8 章对你非常重要。本书也探讨了都是谁在发表网络评论和他们为什么这么做。这些问题非常重要，因为你不能忽视网络评论对其他顾客的影响力。

给普通消费者：我不是商家，但网络评论也引起了我的注意。尽管我已经很熟悉这个话题，但这本书依然在心理学、消费者行为研究和网络评论的影响等方面给了我许多启示。我特别喜欢本书的前两章和最后一章中讲述网络评论未来的章节。探讨网络评论特定影响的内容让我在撰写评论的时候更多考虑这个问题：我想向商家和其他消费者传递一些什么信息呢？

★★★★　可靠而实用的作品

Rachel B 2014 年 12 月 26 日

有趣而实用的作品，探讨了网络评论的影响，以及如何通过研究评论增强竞争优势。书中有关网络评论的内容非常实用，例如差评也可以带来帮助，评论数量很重要等。很多商家成功借助网络评论增加销量的例子非常鼓舞人心。就我个人而言，还是想看到更多反面例子，例如对负面评论给予错误回应可能带来的结果。总而言之，这是一部可靠而实用的作品，真诚向那些产品或服务需要接受顾客点评的商家推荐这本书。

★★★★★　如何从消费者那里获得 5 星好评

Richard J. Noyes 2014 年 10 月 27 日

比尔·唐瑟尔强调了优质产品和服务的重要性。他明确写道，你的生意必须要获得5星好评。想做到这一点，你不能给自己找借口，而是尽可能拉开你与其他商家之间的差距，比如给消费者额外好处，就像是锁匠会在修好门锁之后给门铰链加点润滑油。他还介绍了一些技巧和诀窍：为了获得好评，我们该做些什么和如何做。通过网络评论，我们可以了解人们喜欢产品和服务的哪些方面，不喜欢哪些方面。这部优秀作品已经赢得了我的5星好评。

★★★★★　实用的商业建议，一本讲述如何利用不可逆转的商业趋势的好书

Luke McGuinness 2014 年 11 月 14 日

正如书中讲述的那样，现在几乎所有事物都需要被评论（包括这本书），而且这个趋势将不会改变。不论你在经营一家夫妻店，还是给一家大公司打工，公众都可以看到所有消费者对你提供的商品或服务的评论。然而，很多人宁愿把头埋进沙堆，假装评论不存在。这本书为我们梳理了相关背景资料，也提供了实际的指导，帮助商家接受这些评论，并对这些评论提供的智慧加以利用。

“iHappy 书友会”会员申请表

姓　名（以身份证为准）：______________________________；

性　别：______________________________；

年　龄：______________________________；

职　业：______________________________；

手机号码：______________________________；

E-mail：______________________________；

邮寄地址：______________________________；

邮政编码：______________________________；

微信账号：__________________________；（选填）

请严格按上述格式将相关信息发邮件至中资海派“iHappy 书友会”会员服务部。

邮　箱：zzhpHYFW@126.com

微信联系方式：请扫描二维码或查找 zzhpszpublishing 关注“中资海派图书”